SEGURANÇA JURÍDICA EM MATÉRIA TRIBUTÁRIA

SEGURANÇA JURÍDICA EM MATÉRIA TRIBUTÁRIA

2022

Guilherme Ribas da Silva Santos

ALMEDINA

SEGURANÇA JURÍDICA EM MATÉRIA TRIBUTÁRIA
© Almedina, 2022
AUTOR: Guilherme Ribas da Silva Santos

DIRETOR ALMEDINA BRASIL: Rodrigo Mentz
EDITORA JURÍDICA: Manuella Santos de Castro
EDITOR DE DESENVOLVIMENTO: Aurélio Cesar Nogueira
ASSISTENTES EDITORIAIS: Isabela Leite e Larissa Nogueira
ESTAGIÁRIA DE PRODUÇÃO: Laura Roberti

DIAGRAMAÇÃO: Almedina
DESIGN DE CAPA: Roberta Bassanetto

ISBN: 9786556276465
Setembro, 2022

Dados Internacionais de Catalogação na Publicação (CIP)
(Câmara Brasileira do Livro, SP, Brasil)

Santos, Guilherme Ribas da Silva
Segurança jurídica em matéria tributária /
Guilherme Ribas da Silva Santos. -- São Paulo, SP : Almedina, 2022.

Bibliografia.
ISBN 978-65-5627-646-5

1. Direito material 2. Direito processual
3. Direito tributário - Brasil 4. Segurança jurídica
I. Título.

22-116653 CDU-342:336.2

Índices para catálogo sistemático:

1. Segurança jurídica : Direito constitucional tributário 342:336.2

Eliete Marques da Silva - Bibliotecária - CRB-8/9380

Este livro segue as regras do novo Acordo Ortográfico da Língua Portuguesa (1990).

EDITORA: Almedina Brasil
Rua José Maria Lisboa, 860, Conj.131 e 132, Jardim Paulista | 01423-001 São Paulo | Brasil
www.almedina.com.br

Dedico esta obra à minha mãe, Déa da Silva Santos, *in memoriam*, que, além do exemplo de vida, sempre exerceu papel fundamental na conclusão dos meus estudos, e não me deixou desistir no momento mais difícil.

AGRADECIMENTOS

Agradeço à minha amada família, em especial aos meus pais Déa e João dos Santos, ambos *in memoriam*, que sempre me incentivaram, desde o início, e não mediram esforços para a minha dedicação aos estudos.

Agradeço à minha esposa, Aline, pelo amor, suporte e companheirismo; à minha filha, Gabriela, que amo tanto e sempre está ao meu lado; e ao meu filho, Felipe, que acabou de nascer e já é motivo de muita alegria em nossas vidas, pois sem eles a conclusão desse grande desafio não seria possível.

Estendo meus agradecimentos a todos os professores e colegas do Programa de Mestrado em Direito da Universidade Católica de Brasília, pelo conhecimento que me proporcionaram, em especial ao meu Professor Orientador Marcos Aurélio Pereira Valadão, pela sua dedicação, presteza e cuidado, assim como ao Professor Maurício Dalri Timm do Valle e ao Ministro Ricardo Villas Bôas Cueva, com os quais aprendi muito tanto na academia quanto profissionalmente.

APRESENTAÇÃO

A obra convida o leitor a uma reflexão a respeito do princípio da segurança jurídica no âmbito do Direito Tributário, com especial enfoque na disciplina constitucional. Discute questões relacionadas à definição da segurança jurídica, seus fundamentos e suas dimensões, discorrendo sobre sua condição de princípio de direito, assim como a respeito dos ideais que se lhe mostram inerentes, tais como previsibilidade, estabilidade, confiabilidade, proteção de confiança e certeza do direito.

Retrata problemas em matéria tributária, relacionados ao número excessivo de normas jurídicas, a ensejar complexidade normativa, e à mutação jurisprudencial, transitando, portanto, por temas de direito material e processual.

Segue relacionando avanços introduzidos no ordenamento jurídico brasileiro, principalmente a partir da promulgação da Constituição Federal de 1988, verificados no próprio texto constitucional e no direito federal, destinados a conferir maior segurança jurídica especialmente aos pronunciamentos judiciais.

Ao final, ao reafirmar o caráter constitucional do tema e o papel estrutural da lei complementar em matéria tributária, discorre sobre o federalismo fiscal brasileiro, assim como possíveis alterações, na disciplina de normas gerais, principalmente no que se refere aos tributos sobre o consumo, que poderiam sobremodo contribuir para um sistema normativo mais compreensível e uniforme, segundo o princípio da segurança jurídica.

SUMÁRIO

INTRODUÇÃO

O Estado deve inspirar confiança nas pessoas e nas empresas, para que vivam e empreendam em ambiente naturalmente seguro. Desse modo, constitui desafio contínuo e incansável a construção de bases sólidas em todas as áreas do conhecimento, especialmente no Direito, que estimulem atuação estatal tendente a promover essa atmosfera de tranquilidade, com vistas ao desenvolvimento econômico e social, objetivo de qualquer nação civilizada.

A segurança jurídica exsurge, nesse universo, como um princípio que informa a atividade estatal no sentido de conferir diretrizes seguras à ordem normativa, por se encontrar especialmente vinculada aos ideais de previsibilidade, de estabilidade e de consistência da ordem normativa.

O trabalho promove corte epistemológico para, dentre os diversos ramos do Direito, analisar aspectos relativos à segurança jurídica no âmbito do Direito Tributário, percorrendo temas de índole material e processual.

Os pronunciamentos jurisdicionais, por traduzirem a resposta do Estado aos questionamentos de aplicação da norma jurídica no caso concreto, representam um termômetro capaz de enunciar os problemas existentes quanto à observância dos atos normativos que regem a matéria tributária.

Uma pesquisa jurisprudencial demonstra como se apresenta corriqueira a prolação de decisões judiciais que anulam atos de autoridades tributárias, muitas vezes fundadas em complexas normas infralegais.

Revela, ademais, que a orientação adotada pelos Tribunais Superiores, em especial, e que vem sendo observada pelos demais órgãos julgadores há longo tempo, é reformada ou modificada sem o devido cuidado quanto aos efeitos desse novo posicionamento, o que poderia ser mitigado, por exemplo, mediante atribuição de efeitos prospectivos à nova decisão judicial.

Com efeito, o estudo decorre da inquietação proveniente da complexidade normativa e da mutação jurisprudencial em matéria tributária, que comprometem a segurança jurídica, ao refletirem instabilidade e inconsistência nas relações intersubjetivas, na atividade econômica e na perspectiva da sociedade.

Esses problemas merecem especial atenção. Decisões relacionadas ao mercado, geradores de renda e emprego, são tomadas a partir das implicações provenientes dos atos normativos. Se o ordenamento jurídico não oferece garantia de estabilidade jurídica, principalmente no âmbito tributário, muitos investimentos deixam de ser realizados, o que compromete o desenvolvimento do país.

De fato, os contribuintes necessitam exercer suas profissões e atividades empresariais mediante observância das normas jurídicas, as quais devem ser claras, racionais e precisas e, quando submetidas ao Poder Judiciário, devem receber uma resposta célere e definitiva.

O trabalho parte da compreensão de que: a) a segurança jurídica constitui princípio que confere previsibilidade, estabilidade e certeza do direito; b) em matéria tributária, há problemas relacionados ao tema, decorrentes de complexidade normativa e de mutação jurisprudencial, principalmente das Cortes Superiores; c) houve avanços significativos no ordenamento jurídico, tendentes a prestigiar a segurança jurídica; d) a lei complementar exerce função estrutural no sistema constitucional tributário e, assim, pode ser utilizada como veículo instituidor de normas gerais mais abrangentes, compreensíveis e homogêneas.

O trabalho se desenvolve mediante a apresentação e debate de problemas vivenciados pela falta de segurança jurídica no âmbito normativo e jurisprudencial, as normas jurídicas relacionadas, com especial enfoque no sistema constitucional tributário, os avanços introduzidos no ordenamento jurídico pátrio, assim como possíveis aperfeiçoamentos do quadro normativo.

Desse modo, o estudo encontra-se assim estruturado. No Capítulo 1, serão discutidos aspectos teóricos da segurança jurídica e sua inserção no ordenamento jurídico, com enfoque na disciplina constitucional em matéria tributária. Em seguida, no Capítulo 2, serão expostos problemas relativos ao tema, a saber: a complexidade normativa e a oscilação jurisprudencial dos Tribunais Superiores. Adiante, no Capítulo 3, será relacionada a evolução normativa pela introdução de atos normativos de cunho constitucional e infraconstitucional, principalmente de natureza processual, tendentes a conferir maior estabilidade e uniformização nas decisões judiciais. Por fim, no Capítulo 4, pretende-se analisar a importância da lei complementar, no sistema constitucional tributário, como veículo próprio para introduzir normas de elevada carga axiológica destinada a prestigiar a segurança jurídica, mormente quanto aos tributos incidentes sobre o consumo.

CAPÍTULO 1
A SEGURANÇA JURÍDICA NA CONSTITUIÇÃO FEDERAL

O estudo tem por finalidade discutir temas relativos à segurança jurídica no âmbito do Direito Tributário, de modo que, de início, se propõe a abordar aspectos teóricos, com enfoque na sua disciplina constitucional.

Para tanto, o ponto de partida será a análise de questões relacionadas à definição da segurança jurídica, seus fundamentos e suas dimensões, discorrendo sobre sua condição de princípio de direito, assim como a respeito dos ideais que se lhe mostram inerentes, tais como os pertinentes à previsibilidade, estabilidade, confiabilidade, proteção da confiança e certeza do direito.

Adiante, examina-se o princípio da segurança jurídica, na conformidade em que se encontra inserido no ordenamento jurídico brasileiro, com especial enfoque no sistema tributário constitucional, assim como em matérias referentes ao controle de constitucionalidade das leis, à coisa julgada em matéria tributária e à importância lei complementar como veículo normativo estrutural que disciplina normas gerais.

1.1 A segurança jurídica como princípio de Direito

A teoria do direito saiu de um estágio inicial no qual se negava completamente a normatividade dos princípios para, principalmente a partir dos estudos de Robert Alexy e Ronald Dworkin, formar consenso na doutrina jurídica contemporânea, pós-positivista, no sentido de que regras e princípios constituem espécies do gênero norma jurídica, conforme lecionam Lenio Streck e Flávio Quinaud Pedron, que ressaltam ainda que o "uso de princípios na aplicação do Direito no Brasil veio se tornando práxis comum desde a Constituição de 1988".[1]

Nessa linha de entendimento, Cleucio Santos Nunes esclarece a distinção entre princípios e regras:

> Os princípios são normas jurídicas que prescindem de um enunciado explícito e descritivo de determinados fatos. As regras, por sua vez, descrevem situações hipotéticas ou se referem a conceitos, instituições ou competências, visando, neste último caso, não exatamente a regular condutas, mas sim a definir formas de linguagem para permitir a aplicação sistêmica do Direito.
>
> Por não descreverem fatos, mas veicularem ideais ou valores, os princípios são normas dotadas de densa carga de finalidade. Toda norma, em geral, pretende alcançar um fim. Aliás, o Direito não se larga ao acaso nem surge do nada. Há, no mínimo, por trás de toda norma – e nisso se incluem os princípios – alguma causa e finalidade. Sem estes elementos a norma é vazia e desnecessária.[2]

Portanto, os princípios são normas jurídicas que veiculam ideias e valores consagrados por determinado ordenamento, conferindo-lhe diretrizes gerais. As regras, entretanto, ocupam-se em descrever fatos hipotéticos em relação aos quais se prevê determinada consequência jurídica.

A expressão "segurança jurídica" encontra-se associada aos ideais de previsibilidade, de estabilidade, de racionalidade, de certeza, de garantias e direitos fundamentais, de legalidade, dentre outros. Todavia, a expressão não reflete uma compreensão unitária no âmbito internacional, que repercute na sua própria terminologia, quer dizer, no seu aspecto semântico.

Na doutrina internacional, verifica-se uma indeterminação de sentidos, que enseja certa confusão quanto à demarcação clara do princípio da segurança jurídica. A título de exemplo, nos países de língua espanhola e francesa, na linha da doutrina brasileira, fala-se em *seguridad*

[1] Streck, Lenio; Pedron, Flávio Quinaud. O que ainda podemos aprender com a literatura sobre os princípios jurídicos e suas condições de aplicação. **Revista de Processo**, São Paulo, v. 41, n. 258, p. 156-157, ago. 2016.

[2] Nunes, Cleucio Santos Nunes. **Justiça Tributária**. Belo Horizonte: Fórum, 2019. p. 256-257.

jurídica e *sécurité juridique*, respectivamente. Na Itália utiliza-se a expressão *certezza del diritto*, assim como nos países anglo-saxônicos, em que se adota *legal certainty* (além das variações *certainty of the law* ou *certainty in the law*). É o que constatou Heleno Torres, ao concluir que "a certeza, fim precípuo da legalidade, ao longo desse evoluir, e por muito tempo, manteve equivalência com a segurança jurídica, como seu conteúdo preponderante, o que só se vê superado com a chegada do Estado Democrático de Direito".[3]

No âmbito da doutrina brasileira, conforme será exposto, o princípio da segurança jurídica é acolhido em um sentido amplo, albergando todas as dimensões – ou conteúdos –, segundo a maioria dos autores. Para fins do presente estudo, serão abordadas, em especial, a previsibilidade, a proteção da confiança e a certeza do direito.

As relações interpessoais ensejam inúmeros conflitos de interesse, seja no âmbito familiar, profissional, social, comercial e principalmente no relacionamento com o Estado. Por esse motivo, o Direito regulamenta as relações humanas, por intermédio de normas jurídicas pautadas nos valores acima mencionados.

De fato, apresenta-se necessário que haja o mínimo de estrutura e harmonia nas relações interpessoais e, nesse contexto, as normas servem como norte para orientá-las, em busca dos valores justiça e segurança.

A segurança jurídica revela-se ínsita à própria ideia de Estado Democrático de Direito. Com a sua observância, espera-se que a atuação estatal "seja guiada por regras claras, transparentes e preestabelecidas, a fim de garantir aos cidadãos um mínimo de previsibilidade em relação às condutas que eles poderão adotar no curso de suas vidas" [4]. Ressalte-se que, para promoverem o desenvolvimento econômico, o capitalismo e o liberalismo necessitam de clareza, calculabilidade, legalidade e objetividade nas relações jurídicas e previsibilidade na ação do Estado.

O ordenamento jurídico deve assegurar a preservação das justas expectativas depositadas nas pessoas pelos atos normativos e pelas ações

[3] TORRES, Heleno Taveira. **Direito constitucional tributário e segurança jurídica**: metódica da segurança jurídica do sistema constitucional tributário. 2. ed. São Paulo: Revista dos Tribunais, 2012. p. 24.

[4] BECHO, Renato Lopes; BASSO, Bruno Bartelle. A Segurança jurídica tributária como fundamento para o desenvolvimento econômico brasileiro. **Revista *Juris Plenum***, Caxias do Sul, v. 15, n. 88, p. 153, jul. 2019.

do Poder Público. Deve conferir um sentimento de estabilidade, previsibilidade e racionalidade, a fim de propiciar avanço na seara econômica.

No âmbito tributário, a segurança jurídica constitui, na verdade, um pressuposto ao crescimento econômico de uma nação. Em regra, quanto mais evoluído economicamente um país, melhores são os índices de emprego e de desenvolvimento humano.

Para Paulo de Barros Carvalho[5], a segurança jurídica deve ser compreendida como um sobreprincípio, e, apesar de não estar no ordenamento como uma regra explícita, pode ser percebida pela conjugação de outros princípios tributários, como a igualdade, a legalidade, a irretroatividade e a anterioridade. Na construção de um conceito desse primado, explica:

> Segurança jurídica é o sobreprincípio que insere um valor na ordem jurídica. Sua condição de valor faz com que não seja possível definir o conceito pelo emprego de técnicas de definição usuais, que pretendam apreender toda sua extensão. Tal empresa seria, invariavelmente, frustrada, pois algo escaparia em sua incomensurabilidade. A única forma que temos para definir essas estimativas do sistema jurídico deriva da condição que têm os valores de associarem-se uns aos outros para compor uma ideologia. Desse modo, através do cotejo com outros valores, podemos conhecer melhor seu conteúdo axiológico.[6]

No entanto, prevalece na doutrina a compreensão de que se trata de um princípio. Alinha-se a essa compreensão Regina Helena Costa, para quem "a segurança jurídica, valor maior do ordenamento, constitui tanto um direito fundamental quanto uma garantia do exercício de outros direitos fundamentais". E completa:

> Esse princípio compreende as seguintes ideias: 1) a existência de instituições estatais dotadas de poderes e garantias, assim como sujeitas ao princípio da legalidade; 2) a confiança nos atos do Poder Público, que deverão reger-se pela boa-fé e pela razoabilidade; 3) a estabilidade das

[5] CARVALHO, Paulo de Barros. O sobreprincípio da segurança jurídica e os primados que lhe objetivam no direito positivo brasileiro. **Revista Brasileira de Direito Tributário e Finanças Públicas**, Porto Alegre, v. 10, n. 58, p. 22, set./out. 2016.

[6] CARVALHO, Paulo de Barros. **Derivação e positivação no direito tributário**. Livro III. 1. ed. São Paulo: Noeses, 2016. p. 280.

> relações jurídicas, manifestada na durabilidade das normas, na anterioridade das leis em relação aos fatos sobre os quais incidem na conservação de direitos em face da lei nova; 4) a previsibilidade dos comportamentos, tanto os que devem ser seguidos como os que devem ser suportados; e 5) a igualdade na lei e perante a lei, inclusive com soluções isonômicas para situações idênticas ou próximas.[7]

Ainda nesse sentido, Gustavo Sampaio Valverde[8] defende que referido princípio pode ser entendido como "meta-comunicação do sistema jurídico que visa assegurar a estabilização das expectativas normativas em torno das comunicações que a integram".

Roque Antonio Carrazza reforça que o "princípio da segurança jurídica ajuda a promover os valores supremos da sociedade, influindo não só na edição das leis e dos atos administrativos, como no próprio alcance das decisões judiciais".[9]

Leandro Paulsen, por sua vez, lembra que o "Direito, como instrumento de organização da vida em sociedade, surge para a afirmação da segurança. A segurança constitui, assim, traço imanente ao Direito, tanto nas relações entre os indivíduos como nas destes com o Estado".[10]

Outrossim, Silvio Ciampaglia[11] afirma que a segurança jurídica é buscada nas sociedades organizadas e está presente nos atos civis, com base em várias disposições constitucionais, principalmente as relacionadas à retroatividade de um ordenamento, ao direito adquirido, ao ato jurídico perfeito e à coisa julgada.

[7] COSTA, Regina Helena. **Curso de direito tributário.** 2. ed. São Paulo: Saraiva, 2012. p. 72.

[8] VALVERDE, Gustavo Sampaio. Segurança jurídica e processo: recursos, coisa julgada, ação rescisória e ações de (in)constitucionalidade. *In*: SANTIS, Eurico de, et al. (Orgs.). **Curso de especialização em direito tributário:** estudos analíticos em homenagem a Paulo de Barros Carvalho. Rio de Janeiro: Forense, 2005. p. 191.

[9] CARRAZZA, Roque Antonio; NERY JUNIOR, Nelson; FERRAZ JUNIOR, Tércio Sampaio. **Efeito *ex nunc* e as decisões do STJ**. 2. ed. Barueri: Manole, 2009. p. 44.

[10] PAULSEN, Leandro. **Segurança jurídica, certeza do direito e tributação:** a concretização da certeza quanto à instituição do tributo através das garantias da legalidade, da irretroatividade e da anterioridade. Porto Alegre: Livraria do Advogado, 2006. p. 22.

[11] CIAMPAGLIA, Silvio. Segurança jurídica é o princípio fundamental nas democracias. *In*: BOTTINO, Marco Tulio (Org.). **Segurança Jurídica no Brasil**. São Paulo: RG Editores, 2012. p. 9.

É importante consignar que a aplicação do princípio da segurança jurídica pressupõe o cotejo de uma norma (princípio da segurança jurídica) com outra norma (norma legal, administrativa ou judicial), conforme orienta Humberto Ávila:

> Vale dizer, é preciso verificar a compatibilidade de uma norma inferior com o princípio da segurança jurídica. Esse, princípio, portanto, diz respeito a uma determinada configuração da realidade por meio de instituições jurídicas: a sua aplicação não envolve a análise da subsunção de um pressuposto de fato a uma norma, mas o contraste entre uma norma constitucional e uma realidade jurídica, quer seja ela uma norma, quer seja ela uma aplicação de uma norma [...]. O objeto do princípio da segurança jurídica não é, por assim dizer, diretamente a configuração da realidade, mas sim a configuração do Direito ou de um direito como instrumento para se configurar a realidade.[12]

Esses ensinamentos demonstram o campo de atuação do princípio da segurança jurídica, que opera, na verdade, em um patamar superior. Examina, em última análise, a compatibilidade de uma norma jurídica inferior com esse princípio, quer dizer, se a norma possui caráter retroativo, se contempla regras de transição, se não extrapola a lei que visa regulamentar.

No estudo das dimensões ou dos conteúdos da segurança jurídica, verifica-se na doutrina a adoção de diversos critérios. Para fins do presente trabalho, serão abordados os que se reputam mais relevantes.

De início, ressalte-se a doutrina de Almiro do Couto e Silva, para quem a segurança jurídica, no plano objetivo, estabelece limites à retroatividade dos atos normativos. Trata-se da proteção ao direito adquirido, ao ato jurídico perfeito e à coisa julgada. Na dimensão subjetiva, significa a proteção à confiança das pessoas nos atos, nos procedimentos e nas condutas do Estado.[13]

12 Ávila, Humberto. **Segurança jurídica:** entre permanência, mudança e realização no direito tributário. 2. ed. São Paulo: Malheiros Editores, 2012. p. 126.

13 Couto eE Silva, Almiro do. O princípio da segurança jurídica (proteção à confiança) no direito público brasileiro e o direito da administração pública de anular seus próprios atos administrativos: o prazo decadencial do art. 54 da Lei do Processo Administrativo da União (Lei n. 9.784/99). **Revista de Direito Administrativo: RDA.**, Rio de Janeiro, n. 237, p. 276, jul./set., 2004.

Nessa linha de pensamento, Humberto Ávila leciona que, no aspecto confiabilidade ou estabilidade do Direito, a segurança jurídica refere-se à transição do passado para o presente, no sentido de o Direito ser estável. E esclarece que, por esse motivo, em observância a essa dimensão, "há na Constituição uma série de prescrições como a proibição de atingir o direito adquirido, a coisa julgada, o ato jurídico perfeito, e também a proibição implícita no que se refere à preservação de situações consolidadas."[14]

A segurança jurídica é almejada, em especial, pelos jurisdicionados, na sua faceta previsibilidade, que se desdobra "em duas dimensões distintas, quais sejam: a certeza quanto à norma aplicável às relações sociais que se estabelecem (certeza jurídica ou estabilidade) e a expectativa ou confiança quanto à situação de cada um nas relações sociais de que participa (proteção da confiança)"[15].

Heleno Torres ensina que, no Direito Tributário, a previsibilidade tem importância capital para a vida dos contribuintes, como certeza de orientação para que possam planejar suas atividades e atos patrimoniais cientes das repercussões fiscais das suas condutas. Adiante, acrescenta o autor:

> A previsibilidade é a segurança jurídica sobre o "futuro", resguarda o contribuinte pela prevenção de riscos, sanções e conflitos. Diante disso, a segurança jurídica da atualidade deixa de ser fortemente centrada sobre os efeitos sobre o passado para ser a segurança de expectativas do porvir, da organização do futuro.[16]

Assim, o princípio da segurança jurídica, sob o aspecto objetivo, qualifica uma norma abstrata e protetiva de interesses individuais ou coletivos, que serve, portanto, como instrumento de proteção da confiança, a partir de dispositivos previstos tanto na Constituição Federal como na legislação infraconstitucional, especialmente no Código Tributário Nacional.

[14] Ávila, Humberto. Segurança jurídica em matéria tributária. **Revista Brasileira de Direito Tributário e Finanças Públicas**, Porto Alegre, v. 11, n. 64, p. 48, set./out. 2017.

[15] Andrade, Fabio Martins de. **Modulação em matéria tributária:** o argumento pragmático ou consequencialista de cunho econômico e as decisões do STF. São Paulo: Quartier Latin, 2011. p. 276-277.

[16] Torres, 2012, p. 207.

O princípio da proteção da confiança refere-se à aplicação subjetiva e concretamente orientada do princípio da segurança jurídica, relativa aos deveres comportamentais que impõem a preservação de atos estatais e de seus efeitos na esfera jurídica dos cidadãos.

Nesse contexto, serve de instrumento para a defesa de interesses individuais nos casos em que o particular exerce sua liberdade confiando na validade (ou na aparência de validade) de um conhecido ato normativo geral ou individual e, posteriormente, tem a sua confiança frustrada pela descontinuidade da sua vigência ou dos seus efeitos, quer por mudança, revogação ou anulação, quer por declaração de sua invalidade,, nos ensinamentos de Humberto Ávila[17].

Segue o autor discorrendo sobre quatro requisitos de aplicação do princípio da proteção da confiança, a saber: 1) existência de uma base de confiança legítima; 2) uma confiança subjetiva nessa base; 3) o exercício concreto da referida confiança; e 4) sua frustração por ato posterior do Poder Público. Em primeiro lugar, o princípio em referência exige uma base de confiança. Isto é, uma norma ou conduta que sirva de fundamento para a ação individual. Pode ser tanto geral e abstrata, como uma lei, quanto individual e concreta, como uma decisão administrativa ou judicial. O importante é que o particular tenha conhecimento de uma base jurídica capaz de gerar a confiança propriamente dita. Em segundo lugar, é necessário que o particular tenha, efetivamente, confiado na base, quer dizer, haja sido orientado por leis válidas ou por outros atos normativos. Em terceiro lugar, é preciso que haja o exercício, ou seja, que tenha sido colocado em prática a sua confiança. Em quarto, e último, lugar, para ser aplicado o princípio em referência, exige-se a frustração da confiança por um ato estatal posterior que se apresente contraditório. O Poder Público, criador da base da confiança, deve atuar de forma contraditória em momento posterior, frustrando a validade do ato exercido pelo particular.[18]

A preservação dos efeitos pretéritos do ato no qual o particular confiou constitui a principal garantia do princípio da proteção da confiança, de modo a proteger os direitos dos cidadãos relacionados à configuração

[17] Ávila, Humberto. **Teoria da segurança jurídica**. 4. ed. São Paulo: Malheiros, 2016. p. 378-379.

[18] Ibid., p. 416-417.

da sua liberdade e uso e gozo do seu patrimônio. Resguarda-se, assim, a confiança depositada na conduta anterior da Administração Pública.

Ainda no tocante às dimensões do conteúdo da segurança jurídica, cabe discorrer, por fim, sobre a certeza do direito, que se refere, igualmente, à inteligibilidade do Direito, ou seja, à determinação de clareza das leis.

Na doutrina de Humberto Ávila, o Direito, para servir de orientação, precisa, necessariamente, ser compreendido pelo destinatário. Deve ser claro e preciso, porque não se pode obedecer a uma norma cujo conteúdo não possa ser apreendido por quem que deve cumpri-la.[19]

Ao tratar da certeza do direito, Heleno Torres, por sua vez, a qualifica como princípio que tem como fundamento a legalidade. Argumenta que a certeza ou orientação gera uma expectativa de confiabilidade no sistema jurídico, pela ação dos órgãos de produção de normas, mas também sobre direitos assegurados. E conclui, "a função 'certeza' cumpre um papel fundamental em face dos destinatários da ordem jurídica e das condutas normadas".[20]

Desse modo, pode-se afirmar que o princípio da proteção da confiança e o princípio da certeza do direito constituem aspectos, dimensões ou conteúdos fundamentais do princípio da segurança jurídica.

A importância do princípio da segurança jurídica revela-se, em especial, na particular necessidade, inerente ao ser humano, de planejar suas ações ciente das possíveis consequências. Adquire dimensão ainda mais expressiva no desenvolvimento econômico, permitindo que as sociedades empresariais atuem com tranquilidade. A respeito dessa relevância, os ensinamentos de Takis Tridimas:

> The principle acquires particular importance, *inter alia*, in economic law. Economic and commercial life is based on advance planning so that clear and precise legal provisions reduce transactions costs and promote efficient business. Legal certainty may thus be seen as contributing to the production of economically consistent results.[21]

[19] ÁVILA, Humberto. Segurança jurídica em matéria tributária. **Revista Brasileira de Direito Tributário e Finanças Públicas**, Porto Alegre, v. 11, n. 64, p. 48, set./out. 2017.

[20] TORRES, 2012, p. 206-207.

[21] TRIDIMAS, Takis. **The general principle of EU law**. 2. ed. United Kingdom: Oxford University Press, 2006. p. 242.

Em livre tradução, o autor compreende que o princípio da segurança jurídica adquire particular importância, dentre outros, no direito econômico. A vida econômica e comercial baseia-se no planejamento antecipado para que disposições legais claras e precisas reduzam os custos das transações e promovam negócios eficientes. A segurança jurídica pode, assim, ser vista como contribuição para a produção de resultados economicamente consistentes.

De fato, diante de um mundo globalizado, não se pode negar que os investidores buscam ambientes seguros, especialmente nas esferas econômica e jurídica, nos quais possam obter resultados sem sobressaltos. Assim, a certeza quanto à aplicação do direito revela-se fator estrutural e fundamental para atrair investimentos e impulsionar o desenvolvimento social e econômico.

De outra parte, a segurança jurídica não pode ser entendida como empecilho às mudanças de entendimento ou à evolução do próprio direito. Pelo contrário, deve servir de fundamento para a estabilidade necessária diante de uma sociedade que comporta mudanças bem mais velozes que outrora, de modo a garantir que as atualizações necessárias sejam realmente efetivas, observando-se, todavia, o resguardo das situações consolidadas ao abrigo da lei pretérita.

O princípio em tela tem sido cada vez mais invocado nas decisões judiciais brasileiras, de que é exemplo o decidido pela Primeira Turma do Superior Tribunal de Justiça no julgamento do REsp 1.435.624/PB, oportunidade em que se consignou que: "Opera de forma ofensiva à segurança jurídica a permissão a todo tempo da renovação da mesma discussão acerca do direito debatido nestes autos, o que nitidamente afrontaria a razoabilidade".[22]

A sensação de insegurança proveniente da constante e rápida evolução social deve ser mitigada por respostas jurídicas consistentes e tendentes a assegurar o aperfeiçoamento necessário na mesma velocidade. De fato, quando as mudanças sociais ocorrerem de forma rápida, o ordenamento jurídico deve possuir instrumentos que acompanhem essa

[22] BRASIL. **Superior Tribunal de Justiça.** REsp 1.435.624/PB. Rel. Min. Marga Tessler (Desembargadora Federal convocada do TRF 4ª Região). Disponível em: http://stj.jus.br. Acesso em: 15 set. 2019.

evolução das relações humanas, sem deixar de proteger a confiança depositada quanto às situações jurídicas já consolidadas.

Desse modo, na linha do que defende Humberto Ávila, pode-se concluir que segurança jurídica é princípio de Direito que estabelece um estado de coisas que deve ser buscado mediante a adoção de condutas que contribuam para a sua gradual promoção. Na verdade, é um pressuposto normativo para a eficácia da ordem de princípios, especialmente daqueles que dizem respeito ao desenvolvimento do ser humano como ser autônomo e racional.[23]

1.2 Princípios e regras constitucionais relativos à segurança jurídica em matéria tributária

O sistema normativo é formado por um conjunto de normas dispostas hierarquicamente. Nele as normas inferiores buscam validade nas que lhe são superiores e, assim, sucessivamente, até as normas constitucionais. A Constituição ocupa, nesse conjunto, o patamar mais elevado, dando fundamento de validade às demais normas jurídicas. Essa é a concepção de Hans Kelsen:

> Uma pluralidade de normas forma uma unidade, um sistema, um ordenamento, quando sua validade pode ser atribuída a uma única norma, como fundamento último dessa validade. Essa norma fundamental, como fonte comum, constitui a unidade na pluralidade de todas as normas que integram um ordenamento. E que uma norma pertença a determinado ordenamento só acontece porque sua validade – que constitui esse ordenamento – pode ser referida à norma fundamental.[24]

A sistematização das normas constitui exigência da segurança jurídica, conforme se depreende da lição de Fernando Sainz Moreno:

> La existencia misma de un ordenamiento jurídico genera cierto orden en la convivencia social y una pacificación de las relaciones sociales, siempre que tal ordenamiento cumpla unas condiciones mínimas que permitan conocerlo, entenderlo y aplicarlo como un sistema. El ordena-

[23] Ávila, 2016, p. 267-268.

[24] Kelsen, Hans. **Teoria pura do direito**. Tradução de José Cretella Junior e Agnes Cretella. 3. ed. São Paulo: RT, 2003. p. 95-96.

> miento para ser tal y no un simple agregado de normas, necesita estar construido como un sistema. No basta la proclamación bien intencionada de unos principios de justicia, aceptados por la comunidad, y de unas normas democráticamente formuladas; es necesario articular esos principios y normas en un sistema armónico mediante una técnica adecuada. La sistematización del ordenamiento es una exigencia de la seguridad jurídica para hacer posible el hallazgo de una respuesta previsible a los problemas que exigen un pronunciamiento sujeto a Derecho.[25]

Em livre tradução, podemos afirmar que o autor entende que a própria existência de um ordenamento jurídico gera certa ordem na convivência social e uma pacificação das relações sociais, sempre que tal ordenamento cumpra umas condições mínimas que permitam conhecê-lo, entendê-lo e aplicá-lo como um sistema. O ordenamento para ser tal e não um simples agregado de normas, necessita estar construído como um sistema.

Segue aduzindo que não basta a proclamação bem-intencionada de uns princípios de justiça, aceitos pela comunidade, e de umas normas democraticamente formuladas; é necessário articular esses princípios e normas em um sistema harmônico mediante uma técnica adequada. A sistematização do ordenamento é uma exigência da segurança jurídica para tornar possível encontrar uma resposta previsível para os problemas que exigem um pronunciamento sujeito ao Direito.

A respeito da distinção conceitual de ordenamento jurídico e de sistema normativo, cabe mencionar a lição de Norberto Bobbio[26] que, ao discorrer sobre os três significados do termo sistema normativo, se alinha ao terceiro, na sequência que menciona, para asseverar que a principal distinção a ser considerada refere-se à compreensão de que um ordenamento jurídico constitui um sistema porque nele não podem ser coexistir normas incompatíveis. Assim, se em um ordenamento surgirem normas incompatíveis, uma delas ou ambas devem ser eliminadas, por força da sobreposição dos princípios.

[25] MORENO, Fernando Sainz. Seguridad Jurídica. *In*: VALIM, Rafael et al. (Orgs.). **Tratado sobre o princípio da segurança jurídica no direito administrativo**. São Paulo: Fórum, 2013. p. 119.

[26] Bobbio, Norberto. **Teoria do ordenamento jurídico**. 2. ed. São Paulo: Edipro, 2014. p. 84.

Ainda sobre a definição de sistema normativo, Eugenio Bulygin[27] e Daniel Mendonça ressaltam três propriedades estruturais, a saber: 1) completude, no sentido de inexistência de lacunas normativas; b) coerência, pela impossibilidade de soluções incompatíveis, quer dizer, antinomias; e c) independência, em virtude de nenhum caso conter soluções redundantes correlacionadas. E acrescentam, *in verbis*:

> Esta definición de sistema jurídico no prejuzga sobre el número y el origen de las normas que se elijan como base axiomática; puede tratarse de normas legisladas o consuetudinarias, extraídas de sentencias judiciales o de escritos doctrinarios y puede tomarse como base del sistema cualquier conjunto de normas; algunos artículos de un código o de una ley, todas las normas referentes a una determinada materia e incluso todas las normas pertenecientes al derecho de un país.

Em livre tradução, podemos afirmar que os autores lecionam que esta definição de sistema jurídico não faz distinção sobre o número e a origem das normas que se elegem como base axiomática; pode tratar-se de normas legisladas ou consuetudinárias, extraídas de sentenças judiciais ou de escritos doutrinários e pode tomar-se como base do sistema qualquer conjunto de normas: alguns artigos de um código o de uma lei, todas as normas referentes a uma determinada matéria e incluso todas as normas pertencentes ao direito do país.

No Estado Democrático de Direito, a Constituição representa a lei fundamental, a que submete todos os cidadãos e os próprios Poderes Legislativo, Executivo e Judiciário. As leis, os atos administrativos e as sentenças valem, em última análise, enquanto desdobram mandamentos constitucionais. As normas constitucionais, além de ocuparem a cúspide da pirâmide jurídica, caracterizam-se pela imperatividade de seus comandos, que obrigam as pessoas físicas ou jurídicas de direito público ou de direito privado.

Como a Constituição preside todo e qualquer processo interpretativo na ordem jurídica, a certeza primeira do ordenamento é a preservação

[27] BULYGIN, Eugenio; MENDONÇA, Daniel. **Normas y sistemas normativos**. Madrid: Marcial Pons Ediciones Jurídicas y Sociales, 2005. p. 44.

das competências, das regras de organização e dos direitos e poderes estabelecidos no texto supremo, conforme doutrina Heleno Torres.[28]

A linguagem constitucional revela preceitos que se apresentam portadores de elevada carga axiológica direcionada à garantia da segurança, como valor social fundamental e estrutural a ser resguardado pelo ordenamento jurídico e, por outro lado, confere à segurança jurídica o *status* de princípio.

Da forma plástica com a qual foi concebida a Constituição Federal, constata-se a preocupação do constituinte no sentido de, logo no preâmbulo e nos primeiros artigos, tratar dos direitos e garantias fundamentais. Estabelece no *caput* do art. 5º e no inciso II o princípio da legalidade.[29] No inciso XXXVI, preconiza que "a lei não prejudicará o direito adquirido, o ato jurídico perfeito e a coisa julgada". Adiante, em seu inciso LIV, garante que "ninguém será privado da liberdade ou de seus bens sem o devido processo legal".

Todos esses dispositivos constituem expressão significativa da segurança jurídica, sendo que os mencionados incisos do art. 5º têm âmbito jurídico mais estrito, e a referência no preâmbulo e no *caput* do referido dispositivo constitucional um sentido bem mais amplo, abarcando outros aspectos da segurança, inclusive a segurança pública, que deve ser garantida pelo estado.[30]

Assim, muito embora tanto o preâmbulo quanto o art. 5º, *caput*, da Constituição Federal tenham adotado a expressão "segurança", ao invés de "segurança jurídica", há autores, como Humberto Ávila, que enten-

[28] Torres, 2012, p. 293.

[29] Art. 5º da Constituição Federal: "Todos são iguais perante a lei, sem distinção de qualquer natureza, garantindo-se aos brasileiros e aos estrangeiros residentes no País a inviolabilidade do direito à vida, à liberdade, à igualdade, à segurança e à propriedade, nos termos seguintes: II – ninguém será obrigado a fazer ou deixar de fazer alguma coisa senão em virtude de lei".

[30] Sem entrar no mérito a questão de se tratar de um direito ou uma garantia, nos termos do art. 5º da Constituição, cumpre trazer à baila o entendimento de José Afonso da Silva no sentido de que o direito à segurança abarca um conjunto de garantias e as enumera: segurança do domicílio; segurança das comunicações pessoais, segurança em matéria penal; e segurança em matéria tributária (objeto deste estudo). Silva, José Afonso. **Curso de Direito Constitucional Positivo**. 15. ed. São Paulo: Malheiros, 1998. p. 437-442. Ver tb., ibidem p. 243, onde o mesmo autor trata de segurança pessoal, como garantia (rem. aos incisos XLV e LXIX do art. 5º da Constituição).

dem que a previsão contida no *caput* do art. 5º, para ter algum sentido, somente pode mesmo se referir à segurança em toda a sua abrangência, inclusive como segurança jurídica, quer como segurança do Direito, quer como segurança pelo Direito, asseverando:

> A segurança prevista no "Preâmbulo" é claramente um valor social. A Constituição é inequívoca: institui um Estado Democrático destinado a "assegurar a segurança como valor". Essa expressão denota, pois, a utilização da segurança jurídica como "segurança pelo Direito", porquanto o Direito deve servir de instrumento assecuratório da segurança ("assegurar a segurança").[31]

De fato, a segurança jurídica, apesar de constar raras vezes de forma expressa no ordenamento jurídico brasileiro e, assim, apresentar-se desprovida de consistente e precisa definição, constitui princípio de índole constitucional, seja pela sua grandeza, pelos próprios princípios ali previstos, que lhe conferem suporte.

No âmbito da comunidade europeia, cabe o registro, tem sido comum a invocação do princípio da segurança jurídica para assegurar a integridade normativa do bloco, especialmente quando em conflito com atos normativos de seus Estados membros.[32] Essa circunstância aponta para o papel estrutural que o princípio ocupa em diversos ambientes normativos, inclusive estrangeiros, revelando sua importância em qualquer Estado Democrático de Direito.

Em matéria tributária, a Constituição Federal brasileira é extremamente analítica, mormente em comparação com as constituições de outros países, as quais versam sobre o tema de modo sucinto como, por exemplo, na Constituição dos Estados Unidos, da Alemanha e da Argentina.[33]

Nesse passo, a Carta Magna brasileira, em seu Capítulo I do Título VI, trata do Sistema Tributário Nacional. A Seção I desse Capítulo trata dos princípios gerais e a Seção II, das limitações do poder de tributar.

[31] Ávila, 2016, p. 221.

[32] Tridimas, 2006, p. 244.

[33] Valadão, Marcos Aurélio Pereira. **Limitações constitucionais ao poder de tributar e tratados internacionais.** Belo Horizonte: Del Rey, 2000. p. 25.

Os dispositivos que se espalham sobre essas seções versam sobre regras constitucionais destinadas à segurança jurídica.

Os princípios da legalidade, da irretroatividade e da anterioridade, igualdade tributária, dentre outros, previstos no texto constitucional, consagram a segurança jurídica. O Professor Maurício Dalri Timm do Valle[34], com proficiência, lembra que "o legislador constitucional foi cauteloso e resolveu inserir disposições específicas, que prestigiam os ideais de certeza e de previsibilidade, no capítulo que trata do Sistema Tributário Nacional".

O princípio da legalidade projeta-se sobre todos os domínios do direito e encontra-se inserido no art. 5º, inciso II, da Constituição Federal, que dispõe: "ninguém será obrigado a fazer ou deixar de fazer alguma coisa senão em virtude de lei". Nas relações jurídico-tributárias, esse imperativo alcança ainda feição de maior severidade, por força do princípio da legalidade estrita, veiculado no art. 150, inciso I, da própria Lei Fundamental: "sem prejuízo de outras garantias asseguradas ao contribuinte, é vedado à União, aos Estados, ao Distrito Federal e aos Municípios: I – exigir ou aumentar tributo sem lei que o estabeleça".

Na verdade, o princípio da legalidade constitui a maior expressão do Estado de Direito, ao determinar que tão somente por meio de lei poderá ser instituído e majorado qualquer tributo. Consubstancia uma indubitável segurança jurídica para o contribuinte que, afastando-se de eventuais atos arbitrários, se sujeita à obrigação correspondente perante a autoridade administrativa, em observância aos estritos elementos constantes da norma tributária.

Nesse sentido, a doutrina de Flávio Couto Bernardes, para quem só a lei pode determinar intervenção tributária na propriedade e liberdade dos cidadãos, desde que observados os parâmetros legais insculpidos e, sobretudo, "atenda ao princípio da legalidade exaustiva, em seu conceito fechado: todos os elementos da norma tributária, sem margem para avaliações subjetivas, devem estar previstos na lei."[35]

[34] VALLE, Maurício Dalri Timm do. **Princípios constitucionais e regras-matrizes de incidência do imposto sobre produtos industrializados – IPI**. São Paulo: Noeses, 2016. p. 413.

[35] BERNARDES, Flávio Couto. Conflito de competência no ICMS: os convênios, o princípio da legalidade e a reforma tributária. *In*: SILVA, Paulo Roberto Coimbra, et al. (Orgs.). **Tributação sobre o consumo**. São Paulo: Quartier Latin, 2008. p. 138.

Desse modo, verifica-se que as pessoas políticas de direito constitucional interno poderão, nos limites de suas competências, instituir tributo ou aumentá-los, desde que seja por meio de lei. Sem diploma legal anterior que descreva o fato imponível e demais elementos inerentes, a obrigação tributária não nasce. Em outras palavras, não se estabelece vínculo tributário válido.

Com a finalidade de evitar possíveis efeitos retroativos e providos do indesejável elemento surpresa advindo da lei nova, a Constituição Federal preconiza os princípios da irretroatividade e da anterioridade em matéria tributária, que traduzem positivação do princípio da segurança jurídica.

O princípio da irretroatividade da norma tributária representa relevante expressão da segurança jurídica, ao proibir os entes tributantes, por força das disposições contidas no art. 150, inciso III, alínea "a", da Lei Fundamental, de cobrarem tributos "em relação a fatos geradores ocorridos antes do início de vigência da lei que os houver instituído ou aumentado".

Consagra o texto constitucional a ideia de que a lei deve irradiar seus efeitos apenas para o futuro. Protege, por conseguinte, as situações consolidadas ao abrigo das disposições contidas no diploma legal anterior, de modo que o contribuinte se encontra protegido de eventuais incursões do Estado tendentes a exigir-lhes tributos sobre fatos geradores pretéritos.

A garantia da irretroatividade de normas que criem ou aumentem tributos representa o respeito ao direito adquirido do contribuinte de ser tributado quanto a fatos geradores ocorridos no momento da sua constituição, na lição de Torres.[36]

Cabe ressaltar que a irretroatividade, além de ser dirigida tanto ao aplicador do direito quanto ao legislador, não veda que a lei mais benéfica para o contribuinte projete seus efeitos para o passado, como lembra Luciano Amaro, que ao comentar o preceito constitucional, leciona:

> Esse dispositivo, a exemplo do contido no art. 5º, XXXVI, é dirigido não só ao aplicador da lei (que não a pode fazer incidir sobre fato pretérito),

[36] Torres, Heleno Taveira. Temporalidade e segurança jurídica – irretroatividade e anterioridade tributárias. *Temporality and legal certainty – Predictability and Prohibition of retroactivity in Brazilian tax law.* **Revista da PGFN**, Brasília, v. 1, n. 1, p. 53, jan./jun. 2011.

> mas também ao próprio legislador, a quem fica vedado ditar regra para tributar fato passado ou para majorar o tributo que, segundo a lei da época, gravou esse fato.
> A lei não está proibida de reduzir ou dispensar o pagamento de tributo, em relação a fatos do passado, subtraindo-os dos efeitos oriundos da lei vigente à época, desde que o faça de maneira expressa; a cautela que se há de tomar, nessas hipóteses, diz respeito ao princípio constitucional da igualdade, a que também deve obediência o legislador. Já o aplicador da lei não pode dispensar o tributo (nem reduzi-lo), em relação a fatos pretéritos, a pretexto de que a lei nova extinguiu ou reduziu o gravame fiscal previsto na lei anterior.[37]

De outra parte, a proibição de retroatividade das leis tributárias limita-se aos conteúdos gravosos, quer dizer, aqueles que aumentam a carga direcionada ao contribuinte, suprimindo-lhe vantagens ou direitos. Desse modo, a retroação mais benigna não ofende nenhum princípio ou valor consagrado em nosso ordenamento.

A Constituição Federal, além de impedir a retroatividade da lei tributária, assegura ao contribuinte que os diplomas legais que aumentarem ou instituírem tributos tenham, com a finalidade de evitar o indesejável elemento surpresa, sua eficácia postergada em alguns casos, de modo a conferir ainda mais efetividade à segurança jurídica, por força do princípio da anterioridade.

Muito embora não seja objetivo do presente estudo, cabe registrar que o texto constitucional preconiza a anterioridade genérica, que veda a cobrança de tributo no mesmo exercício financeiro em que haja sido publicada a lei que o instituiu ou majorou, e a anterioridade nonagesimal, que impede mencionada exigência pelo prazo de noventa dias.

A título exemplificativo, encontra-se sujeito à anterioridade genérica o Imposto de Renda (IR). De outro lado, o Imposto sobre Produtos Industrializados (IPI) e a contribuição para a seguridade social submetem-se tão somente à anterioridade nonagesimal, enquanto o Imposto de Importação (II), o Imposto de Exportação (IE) e o Imposto sobre Operações Financeiras (IOF) não estão sujeitos a nenhuma dessas limitações, por força do próprio texto constitucional.

[37] AMARO, Luciano. **Direito tributário brasileiro.** 11. ed. São Paulo: Saraiva, 2005. p. 119.

O princípio da anterioridade da lei tributária constitui inequívoca forma de se dar efetivação ao princípio da segurança jurídica, na medida em que faz com que o cidadão saiba, num dado exercício financeiro, que no exercício seguinte, ou no prazo de 90 (noventa) dias, suportará uma carga tributária nova ou majorada. "É, pois, previsibilidade objetiva, concedida ao contribuinte, no que diz respeito à tributação".[38]

Assim, o princípio em referência apresenta-se associado à necessária previsibilidade no tocante às novas imposições tributárias mais gravosas. Assegura conhecimento antecedente de norma jurídica que atingirá a esfera jurídica e econômica do contribuinte.

Conforme o magistério de Leandro Paulsen, não se trata, efetivamente, de simplesmente evitar a surpresa, o sobressalto, o inesperado, "mas de garantir um interstício de tempo entre a publicação da lei nova mais gravosa ao início da sua incidência, permitindo que o contribuinte se prepare para aquilo que sabe, por força de lei já publicada, que lhe será imposto".[39]

O princípio da isonomia ou igualdade tributária, por sua vez, decorre do disposto no art. 5º, *caput*, da Constituição Federal, segundo o qual "todos são iguais perante a lei, sem distinção de qualquer natureza, garantindo-se aos brasileiros e estrangeiros residente no País a inviolabilidade do direito à vida, à liberdade, à igualdade, à segurança e à propriedade". No Direito Tributário, o princípio vem preconizado no art. 150, inciso II, da Carta Magna, que dispõe ser vedado aos entes tributantes "instituir tratamento desigual entre os contribuintes que se encontrem em situação equivalente".

É oportuno consignar que o princípio da igualdade em matéria tributária não significa, contudo, que todos os contribuintes devem receber tratamento idêntico em qualquer circunstância, mas, sim "que as pessoas físicas ou jurídicas, encontrando-se em situações econômicas idênticas, ficarão submetidas ao mesmo regime jurídico, com as particularidades que lhes forem próprias".[40]

[38] RABELLO FILHO, Francisco Pinto. **O princípio da anterioridade da lei tributária**. São Paulo: Revista dos Tribunais, 2002. p. 100-103.

[39] PAULSEN, Leandro. **Constituição e código tributário comentados à luz da doutrina e da jurisprudência**. 18. ed. São Paulo: Saraiva, 2017. p. 181.

[40] CARVALHO, Paulo de Barros. **Direito tributário:** linguagem e método. 6 ed. São Paulo: Noeses, 2015. p. 292-293.

Para o presente estudo, importante notar que uma decisão judicial, ao assegurar a determinado contribuinte o direito a não se submeter à incidência de certo tributo, pode introduzir, eventualmente, determinante desigualdade. Todavia, essa situação tem sido historicamente tolerada, com fundamento no próprio texto constitucional, seja pela garantia à inviolabilidade da coisa julgada, conforme será visto adiante, seja pelo princípio que garante o acesso à justiça, nos termos do art. 5º, inciso XXXV, da Constituição Federal[41].

A segurança jurídica, sob esses termos, não está expressa na Constituição, mas é consenso que ela está imbricada no texto constitucional, sob diversos aspectos como se viu acima.

Nesse contexto, nota-se que a segurança jurídica constitui princípio em nosso ordenamento jurídico, que se mostra refletido, no âmbito constitucional e em matéria tributária, em especial, em outros princípios, quais sejam, da legalidade, irretroatividade e anterioridade, os quais conferem inegável previsibilidade à conduta do ente tributante. Neste aspecto a segurança jurídica, aponta também no sentido da certeza do direito, que é, conforme exposto no tópico 1.1, uma das facetas da segurança jurídica considerada em sentido amplo.

1.3 O controle de constitucionalidade e seus efeitos no sistema tributário

O sistema brasileiro de controle de constitucionalidade é híbrido. O concentrado, exercido apenas pelo Supremo Tribunal Federal, em ações específicas, de eficácia *erga omnes*, e o difuso ou incidental, exercido por qualquer juiz ou tribunal, inclusive pela própria Suprema Corte, que, ao solucionarem o caso concreto, podem declarar a inconstitucionalidade de determinado ato normativo.

No campo tributário, a adoção desse sistema tem gerado problemas que culminaram na afetação de dois temas, pelo Supremo Tribunal Federal, na sistemática de repercussão geral, a saber: a) "Limites da coisa julgada em matéria tributária, notadamente diante de julgamento, em controle concentrado pelo Supremo Tribunal Federal, que declara a constitucionalidade de tributo anteriormente considerado inconstitu-

[41] Art. 5º, inciso XXXV, da Constituição Federal: "a lei não excluirá da apreciação do Poder Judiciário lesão ou ameaça a direito.

cional, na via do controle incidental, por decisão transitada em julgado" (Tema 881); e b) "Efeitos das decisões do Supremo Tribunal Federal em controle difuso de constitucionalidade sobre a coisa julgada formada nas relações tributárias de trato continuado" (Tema 885).

É oportuno consignar, outrossim, que os temas de repercussão geral acima referidos serão abordados com maior profundidade no próximo capítulo, de modo que cabe aqui breve exposição da sistemática de controle de constitucionalidade adotado no ordenamento jurídico brasileiro, matéria diretamente relacionada à segurança jurídica no âmbito tributário.

No denominado controle incidental, a pronúncia de invalidade deve ocorrer em um caso concreto, e a finalidade precípua dessa ação não é a declaração de inconstitucionalidade da norma, mas a tutela de um direito subjetivo. É o que explica o constitucionalista e Ministro da Suprema Corte Luís Roberto Barroso:

> O que se exige é que haja um conflito de interesses, uma pretensão resistida, um ato concreto de autoridade ou a ameaça de que venha a ser praticado. O controle incidental de constitucionalidade somente pode se dar na tutela de uma pretensão subjetiva. O objeto do pedido não é o ataque à lei, mas a proteção de um direito que seria por ela afetado. Havendo a situação concreta, é indiferente a natureza da ação ou do procedimento. O que não é possível é pretender a declaração de inconstitucionalidade de lei em tese, fora de uma lide, de uma disputa entre as partes.[42]

Além disso, a eventual declaração de inconstitucionalidade terá efeito apenas para as partes que figuraram no processo e somente fará coisa julgada com relação à questão constitucional no próprio caso concreto.

Ainda no controle difuso, o sistema brasileiro autoriza a qualquer juiz ou tribunal exercer o controle de constitucionalidade da lei tendo por parâmetro a Constituição Federal. Nas palavras de Luiz Guilherme Marinoni, "todos os juízes têm o dever de verificar se a lei, invocada pelo autor ou pelo réu ou apenas necessária à resolução do litígio, é consti-

[42] Barroso, Luís Roberto. **O controle de constitucionalidade no direito brasileiro**. 3. ed. São Paulo: Saraiva, 2008. p. 83.

tucional ou não, possuindo, assim, a incumbência de apreciar a questão constitucional de forma incidental no caso concreto".[43]

Já com relação ao controle de constitucionalidade pela via de ação direta, "impugna-se perante determinado tribunal uma lei, que poderá perder sua validade constitucional e consequentemente ser anulada erga omnes (com relação a todos)".[44]

A despeito das diferenças entre os controles difuso e abstrato, fato é que tem havido uma aproximação entre ambos, fenômeno esse que, na Suprema Corte, se convencionou chamar de "objetivação" do recurso extraordinário.

Com efeito, no STF, o controle de constitucionalidade da norma pela via difusa é realizado no julgamento dos recursos extraordinários.

Ao tratar sobre a então "nova" repercussão geral introduzida no sistema pela Emenda Constitucional 45/2004, Fredie Didier já vislumbrava essa afinidade entre o controle difuso e abstrato:

> f) em razão da tendência de transformação do recurso extraordinário em instrumento de controle difuso e abstrato da constitucionalidade das leis, é correta a observação de que o pronunciamento do Plenário do STF sobre a repercussão geral de determinada questão vincula os demais órgãos e dispensa, inclusive, que se remeta a um novo exame no Plenário, em recurso extraordinário que verse sobre a questão cuja amplitude da repercussão já tenha sido examinada, haja ou não enunciado sumulado a respeito.[45]

A própria Suprema Corte Brasileira já havia notado a "contaminação" do controle difuso por princípios de método concentrado, tendo por justificativa a necessidade de dar maior efetividade à Constituição. Nesse passo, a fundamentação constante do voto do Ministro Sepúlveda Pertence na SE-AgR 5206:

[43] Marinoni, Luiz Guilherme. **A Intangibilidade da coisa julgada diante da decisão de inconstitucionalidade**. 4. ed. São Paulo: Revista dos Tribunais, 2016. p. 18.

[44] Bonavides, Paulo. **Curso de direito constitucional**. 12. ed. São Paulo: Malheiros, 2002. p. 277.

[45] Didier Jr, Fredie. Transformações do recurso extraordinário. **Revista Forense**. v. 389. Rio de Janeiro: Forense, 2007. p. 498.

> Mas o sistema resultante dessa simbiose institucional dos dois métodos, o americano – incidente e difuso – e o austríaco – principal e concentrado –, não pode ser visto como simples justaposição de um a outro, e sim como uma unidade estrutural em que cada um dos componentes sofre inevitavelmente reflexos do outro.
> E a experiência demonstra, a cada dia, que a tendência dominante – especialmente na prática deste Tribunal – é no sentido da crescente contaminação da pureza dos dogmas do controle difuso pelos princípios reitores do método concentrado.
> Detentor do monopólio do controle direto, e, também, como órgão da cúpula do Judiciário, titular da palavra definitiva sobre a validade das normas no controle incidente, em ambos os papéis, o Supremo Tribunal há de ter em vista o melhor cumprimento da missão precípua de 'guarda da Constituição', que a Lei Fundamental explicitamente lhe confiou.[46]

Além disso, no voto condutor do RE 388.830/RJ, julgado pela Segunda Turma do STF, o Ministro Gilmar Mendes também reconheceu a tendência de maior objetivação do apelo extremo, consoante se infere do seguinte excerto de seu voto:

> A proposta aqui desenvolvida parece consultar a tendência de não-estrita subjetivação ou de maior objetivação do recurso extraordinário, que deixa de ter caráter marcadamente subjetivo ou de defesa de interesse das partes, para assumir, de forma decisiva, a função de defesa da ordem constitucional objetiva.[47]

Com efeito, no âmbito da Suprema Corte, se houver controle pela via difusa, mas sendo o julgamento realizado pelo órgão pleno do Tribunal, e também pelo rito da repercussão geral, as decisões nele proferidas têm obtido uma eficácia bem semelhante àquela produzida no controle concentrado. Ilustrativamente, confira-se o seguinte julgado:

> Reclamação. 2. Progressão de regime. Crimes hediondos. 3. Decisão reclamada aplicou o art. 2º, § 2º, da Lei nº 8.072/90, declarado inconsti-

[46] BRASIL. **Supremo Tribunal Federal**. SE 5206-AgR, Rel. Min. Edson Fachin. Disponível em: http://stf.jus.br. Acesso em: 20 set. 2019.

[47] BRASIL. RE 388.830. Rel. Min. Gilmar Mendes. Disponível em: http://stf.jus.br. Acesso em: 20 set. 2019.

> tucional pelo Plenário do STF no HC 82.959/SP, Rel. Min. Marco Aurélio, DJ 1.9.2006. 4. Superveniência da Súmula Vinculante n. 26. 5. Efeito *ultra parts* da declaração de inconstitucionalidade em controle difuso. Caráter expansivo da decisão. 6. Reclamação julgada procedente.[48]

Ratifica a força dos julgados em recurso extraordinário a introdução, no Código de Processo Civil de 2015, de dispositivo legal que atribui caráter vinculante aos pronunciamentos judiciais proferidos em repercussão geral no âmbito do STF.[49]

Cuidando-se tanto do controle abstrato quanto do controle difuso, havendo a pronúncia de inconstitucionalidade, a regra geral é de eficácia *ex tunc*, o que significa dizer que determinada norma é tida por expurgada do sistema desde sempre, como se nunca tivesse existido. A grande crítica que se faz a essa diretriz é o longo tempo de tramitação um processo judicial até que se chegue ao seu termo, o que pode implicar que a dita norma inconstitucional tenha produzido efeitos por considerado lapso temporal.

Esse sistema híbrido de controle de constitucionalidade, no âmbito tributário, tem causado problemas que envolvem o confronto da coisa julgada, formada em favor de determinado contribuinte, com os princípios da igualdade e da livre concorrência, conforme será exposto, especialmente, no Capítulo 2.

1.4 A coisa julgada em matéria tributária

O tema relativo à coisa julgada, no tocante à segurança jurídica na relação jurídico-tributária, mostra-se relevante. De um lado, representa garantia constitucional do contribuinte em face da pretensão arrecadatória do Estado. De outro, pode ensejar contrariedade aos princípios da igualdade e da livre concorrência.

O instituto da coisa julgada – que, na Constituição Federal, figura no rol dos direitos e garantias fundamentais – está intimamente ligado ao imperativo da segurança jurídica e, no âmbito tributário, devido a rela-

[48] BRASIL. Rcl 4.335. Rel. Min. Gilmar Mendes. Disponível em: http://stf.jus.br. Acesso em: 20 set. 2019.

[49] Art. 927 do CPC/2015: "Os juízes e tribunais observarão: [...] III – os acórdãos em incidente de assunção de competência ou de resolução de demandas repetitivas e em julgamento de recursos extraordinário e especial repetitivos".

ção jurídica de índole continuativa, que se verifica em regra, adquire ainda maior magnitude, pela possibilidade de ensejar indevida vantagem ao contribuinte beneficiado por decisão judicial, mormente em face dos princípios da igualdade e da livre concorrência.

É oportuno consignar, desde logo, que a coisa julgada não é instrumento de realização da justiça. Trata-se de uma garantia de segurança e estabilidade, ao estabelecer um fim à contenda judicial.

Piero Calamandrei, nessa linha, ensina que a noção de que a *res judicata* é dissociada do conceito de justiça e remonta à antiga Grécia:

> Sócrates, no cárcere, explica serenamente aos discípulos, com uma eloquência que jamais jurista algum foi capaz de igualar, qual a suprema razão social que impõe, até ao extremo sacrifício, que se respeite a sentença, mesmo que seja injusta: o trânsito em julgado da sentença implica que ela se destaque de seus motivos, como a borboleta sai do casulo, e não passa mais, a partir daquele momento, ser qualificada de justa ou injusta, uma vez que está destinada a constituir, daí em diante, o único e imutável termo de comparação, a que os homens deverão referir-se para saber qual era, naquele caso, a palavra oficial da justiça.[50]

A coisa julgada representa um dos institutos mais relevantes do Estado Democrático de Direito. É a resposta do órgão jurisdicional, em caráter definitivo, aos pedidos formulados na lide. Confere estabilidade à relação jurídica controvertida, mediante a imposição de um limite ao conflito estabelecido na interpretação da norma jurídica entre as partes litigantes, a fim de alcançar a paz social.

A tutela jurisdicional revestida dessa especial qualidade impede, por força das disposições contidas no art. 505 do CPC/2015[51], que se discuta a mesma matéria em outra lide ou qualquer outra questão a ela relacionada, razão pela qual atribui o caráter de imutabilidade ao comando sentencial, salvo as exceções expressamente previstas e as prescritas em lei.

[50] Calamandrei, Piero. **Eles, os juízes, vistos por um advogado**. São Paulo: Martins Fontes, 2000. p. 10-11.

[51] Art. 505 do CPC/2015: "Nenhum juiz decidirá novamente as questões já decididas relativas à mesma lide, salvo: I – se, tratando-se de relação jurídica de trato continuado, sobreveio modificação no estado de fato ou de direito, caso em que poderá a parte pedir a revisão do que foi estatuído na sentença; II – nos demais casos prescritos em lei".

Ademais, a eficácia da decisão transitada em julgado é, assim como a lei, vinculante, e incide sobre os eventos futuros da relação jurídica de direito material deduzida em juízo, nos limites ali estabelecidos, a saber, sobre aqueles fatos e aquelas normas jurídicas que serviram de suporte à manifestação judicial produzida em caráter definitivo.

Uma vez prestada a jurisdição, com a prolação da sentença, a coisa julgada, que põe termo ao processo judicial, visa proporcionar a segurança e a tranquilidade diante das questões decididas, contemplando pacificação ao meio social, que se encontrava em conflito.

A busca da justiça "não pode ser indefinida, mas deve ter um limite, por uma exigência de ordem pública, qual seja a estabilidade dos direitos, que inexistiria se não houvesse um termo além do qual a sentença se tornasse imutável". Se "não houvesse esse limite, além do qual não se possa arguir a injustiça da sentença, jamais se chegaria à certeza do direito e à segurança no gozo dos bens da vida".[52]

Apresenta-se sobremodo incompatível com nosso ordenamento conferir a quem obteve, por decisão judicial transitada em julgado, uma tutela jurisdicional desfavorável – parte vencida –, a possibilidade de promover novo julgamento da causa mediante o único e exclusivo fundamento de que o anterior fora injusto. Tal entendimento ensejaria uma reprodução indevida de processos judiciais.

Com efeito, não se revela possível que o Poder Judiciário e os próprios jurisdicionados se sujeitem a uma infinita quantidade de demandas com idêntico objeto, sob o fundamento de injustiça da decisão anterior, quando já acobertadas pela *res judicata*, em clara ofensa ao princípio da segurança jurídica.

A coisa julgada, segundo a doutrina de Marinoni, Arenhart e Mitidiero, possui três efeitos. O primeiro está relacionado ao efeito negativo, no sentido de impossibilitar um novo conhecimento e julgamento da causa; já o segundo, é o efeito positivo, diante da possibilidade da parte numa nova demanda com pedido já decidido alegar um novo pedido diverso do anterior; por fim, o terceiro, conhecido como eficácia preclusiva, com a característica de proteção ao já decidido, no sentido de que "uma vez transitada em julgado a decisão de mérito, considerar-se-á

[52] SANTOS, Moacyr Amaral. **Primeiras Linhas de Direito Processual Civil.** v. 3. 19. ed. São Paulo: Saraiva, 2000. p. 45.

deduzidas e repelidas todas as alegações e as defesas que a parte poderia opor assim ao acolhimento como à rejeição do pedido".[53]

Desse modo, a coisa julgada confere segurança jurídica e visa resguardar a confiança que os jurisdicionados têm de que uma decisão judicial transitada em julgado findará, em definitivo, um litígio (previsibilidade) e, ressalvadas situações excepcionalíssimas, essa condição não poderá mais ser alterada.

Assim, a certeza no tocante ao tratamento normativo conferido aos fatos ocorridos à luz do regramento pretérito, que tem sua expressão na *res judicata*, é algo que deve ser prestigiado pelo aplicador do Direito e, no âmbito fiscal, representa relevante garantia conferida ao contribuinte.

Quanto ao modo como se desenvolvem, verifica-se, na esfera do Direito Tributário, a existência de dois tipos de relações jurídicas: a) as instantâneas ou consumadas e b) as continuativas ou de trato sucessivo.

Cabe registrar que há doutrinadores que defendem a inexistência de relação continuativa em matéria tributária, tal como Fernanda Donnabella Camano de Souza[54], para quem a "continuidade" agregada à expressão "relação jurídica" diz respeito a cada atualização – singular, por certo – de um mesmo esquema de agir, o que impediria a conceituação daquelas formadas sucessivamente no tempo como continuação da primeira.

Contudo, entende-se que este pensamento não se mostra adequado.

Há hipóteses em que se constata a existência de uma relação jurídico-tributária de trato continuado ou sucessivo, que se renova em períodos de tempo determinados, com a superveniência de sucessivos fatos geradores capazes de fazer nascer a obrigação tributária de forma regular e contínua.

O tributarista Hugo de Brito Machado discorre sobre o tema, asseverando que a relação jurídico-tributária continuativa é peculiar aos tributos relacionados a ocorrências que se repetem, formando uma atividade mais ou menos duradoura. E adiante, ao esclarecer seu posicionamento,

53 Marinoni, Luiz Guilherme; Arenhart, Sérgio Cruz; Mitidiero, Daniel. **Novo Curso de Processo Civil:** tutela dos direitos mediante procedimento comum. v. 2. São Paulo: Revista dos Tribunais, 2015. p. 635.

54 Souza, Fernanda Donnabella Camano de. **Os Limites Objetivos e "Temporais" da Coisa Julgada em Ação Declaratória no Direito Tributário.** São Paulo: Quartier Latin, 2006. p. 161.

com a didática de sempre, rebate os argumentos existentes em sentido contrário:

> Como o fato juridicamente relevante é igual, que se repete indefinidamente no tempo, e a lei que incide e o qualifica é a mesma, a obrigação tributária resultante há de ser igual. A relação jurídica tributária tem, por tanto, existência continuada, embora seja fracionada em períodos para fins de determinação do valor do tributo a ser pago em cada um dos períodos sucessivos. Assim, a decisão que define a existência e o modo de ser dessa relação há de ser a mesma, até que surja mudança, no fato ou no direito, capaz de alterar a relação jurídica que resulta desses elementos.[55]

Eduardo Talamini, por sua vez, leciona que, nesse tipo de relação, "cada incidência do tributo nos sucessivos exercícios ou nas reiteradas operações praticadas pelo contribuinte implica uma específica relação jurídica", de modo que "pode haver relações jurídicas múltiplas e sucessivas, porém homogêneas, entre os mesmos sujeitos".[56]

É o que se verifica em relação ao Imposto de Renda Pessoa Jurídica, por exemplo, em que a disponibilidade jurídica ou econômica da renda para o contribuinte e em determinado período de tempo constituem os elementos determinantes para o surgimento da obrigação de pagar o tributo.

Nos casos em que não se verificar essa continuidade, tal como ocorre na incidência do Imposto sobre Transmissão *Inter Vivos*, por ato oneroso de bens imóveis, de competência municipal, de que cuida o art. 156, II, da Constituição Federal[57], a disciplina é diversa. Não se verifica, em princípio, nessa hipótese, a existência de uma relação jurídico-tributária que perdura ao longo do tempo.

[55] MACHADO, Hugo de Brito. Coisa Julgada e Controle de Constitucionalidade e de Legalidade em Matéria Tributária. *In*: **Coisa Julgada, Controle de Constitucionalidade e de Legalidade em Matéria Tributária**. São Paulo: Dialética, 2006. p. 164-165.

[56] TALAMINI, Eduardo. **Coisa Julgada e sua revisão**. São Paulo: Revista dos Tribunais, 2005. p. 92.

[57] Art. 156, inciso II, da Constituição Federal: "Compete aos Municípios instituir impostos sobre: II – transmissão *inter vivos*, a qualquer título, por ato oneroso, de bens imóveis, por natureza ou acessão física, e de direitos reais sobre imóveis, exceto os de garantia, bem como cessão de direito a sua aquisição".

O vínculo tributário surgirá, nesse caso, apenas em decorrência da transmissão de bens imóveis. Quando tal evento se verificar, haverá a subsunção do fato à hipótese normativa, de modo a fazer nascer a obrigação tributária. Não há, em tese, presunção da ocorrência de fatos jurídicos tributários ao longo do tempo que permitam o estabelecimento de marcos temporais continuados, hábeis a caracterizar uma relação de trato sucessivo.

Trata-se de uma relação jurídica decorrente de um fato gerador que se pode denominar instantâneo, que se esgota imediatamente, num momento determinado e único, sem continuidade no tempo, sem desdobramento futuro.

Bem esclarece a distinção entre as mencionadas relações jurídico-tributárias Rodrigo Chinini Mojica:

> Diante disso, vê-se que o divisor de águas entre as obrigações consumadas e as continuativas é o fato destas últimas serem reguladas por normas jurídicas que se projetam para o futuro, incidindo sobre fatos geradores similares que se repetem em espaço de tempo mais ou menos curtos. É certo, porém, que a relação jurídica continuativa assume este perfil apenas enquanto o trato fisco-contribuinte desenvolve-se normalmente.[58]

A relação jurídico-tributária continuativa é peculiar aos tributos relacionados a ocorrências que se repetem ao longo do tempo. Nesse tipo de relação, os sucessivos exercícios ou fatos geradores ensejam a ocorrência dos elementos determinantes para o surgimento da obrigação de pagar o tributo.

Desse modo, bem delineada a distinção entre as relações jurídicas continuativas e instantâneas, passa-se ao exame da dimensão da coisa julgada formada em matéria tributária.

Ao defender que a segurança jurídica individual não deve preponderar sobre o Estado e os demais contribuintes que se encontram sujeitos à incidência do mesmo tributo, alerta Ricardo Lodi Ribeiro:

> Neste diapasão, a segurança jurídica não mais fundamenta um regime legal que dê proteção absoluta a um contribuinte, a partir de sua menor

[58] MOJICA, Rodrigo Chinini. **Coisa julgada em matéria tributária e seus mecanismos de revisão.** São Paulo: Verbatim, 2011. p. 88.

> ou maior fortuna em relação à distribuição de processos pelas varas, câmaras e turma dos tribunais, ou de sua ventura quanto à obtenção de decisões judiciais definitivas, em detrimento dos outros indivíduos que deverão suportar os efeitos econômicos dessas decisões, seja em razão do inadimplemento das prestações estatais positivas, seja pelo aumento da sua carga fiscal, ou ainda, o que causa um prejuízo mais imediato, pela perda de espaço em um mercado eivado por um concorrência viciada pela diferença fiscal obtida judicialmente.[59]

De fato, na hipótese de haver uma decisão favorável ao afastamento da incidência de certo tributo cuja relação seja continuativa a determinado contribuinte, ou grupo de contribuintes, e sobrevindo decisão do Supremo Tribunal Federal em sentido oposto, pela validade da lei que disciplina a exação, identifica-se desequiparação, a ser avaliada em conformidade com o art. 170, IV, da Constituição Federal, que consagrada a livre concorrência como princípio da atividade econômica.

Esse cenário pode albergar um privilégio inquestionável ao contribuinte, que tem a seu favor coisa julgada afastando a exigência de determinado tributo, em detrimento de seus concorrentes, sujeitos a tal obrigatoriedade, que compromete as regras de mercado, na medida em que a desoneração fiscal permitirá redução de preços, em muitos casos significativa, prejudicando a livre concorrência.

Assim, a coisa julgada em matéria tributária, sob esses termos, possui peculiaridades, pela possibilidade de representar confronto com os princípios da igualdade e da livre concorrência. Cabe ressaltar que esse tema se encontra submetido a julgamento pela Suprema Corte, sob o regime da repercussão geral, conforme será exposto e analisado no Capítulo 2.

1.5 A lei complementar como principal veículo normativo da segurança jurídica, segundo a Constituição Federal

A Constituição Federal, com a finalidade de conferir a necessária uniformidade ao sistema tributário, prevê, em seu art. 146[60], inciso III, que

[59] RIBEIRO, Ricardo Lodi. Segurança jurídica dos contribuintes, coisa julgada e decisões do STF. *In:* **Tratado de Direito Constitucional**. v. 2. Rio de Janeiro: Elsevier, 2014. p. 314.

[60] Art. 146 da Constituição Federal: "Cabe à lei complementar: [...] III – estabelecer normas gerais em matéria de legislação tributária, especialmente sobre: a) definição de tributos e de

cabe à lei complementar dispor sobre normas gerais em matéria tributária, especialmente, nos termos de suas alíneas "a" e "b", sobre definição de tributos e de suas espécies, bem como fatos geradores, bases de cálculo e contribuintes, obrigação, lançamento, crédito, prescrição e decadência tributários.

O sistema do direito encontra-se disposto em uma estrutura hierarquizada segundo a qual cada unidade normativa de hierarquia inferior deve encontrar sua validade material e formal em unidades superiores.

A lei complementar e a lei ordinária constituem espécies de instrumentos primários, e se distinguem porque a primeira, além de exigir *quorum* qualificado para sua aprovação no processo legislativo (maioria absoluta), trata de temas específicos, nos termos preconizados pela Constituição Federal.

Por meio de lei ordinária, a qual deve ser aprovada por maioria simples, disciplinam-se todas as demais matérias. É possível que lei complementar disponha sobre matéria reservada à lei ordinária, apesar de o contrário – lei ordinária versar questão afeta à lei complementar – não ser admitido.

A Lei 5.172/1966 (CTN), muito embora seja formalmente lei ordinária, foi recepcionada como lei complementar pela Constituição Federal no tocante aos dispositivos que veiculam normas gerais em matéria tributária. Sobre tema, a percuciente lição de Hugo de Brito Machado:

> Muitos afirmam que o Código Tributário Nacional é hoje uma lei complementar, não obstante tenha sido aprovado como lei ordinária. A afirmação precisa ser explicada. Na verdade, o Código Tributário Nacional continua sendo uma lei ordinária. Ocorre que ele trata de matéria que, hoje, está reservada a lei complementar. Matéria que hoje somente por lei complementar pode ser tratada. Assim, é evidente que os seus dispositivos, que tratam de matéria hoje privativa de lei complementar, só por essa espécie normativa podem ser alterados.[61]

suas espécies, bem como, em relação aos impostos discriminados nesta Constituição, a dos respectivos fatos geradores, bases de cálculo e contribuintes; b) obrigação, lançamento, crédito, prescrição e decadência tributários".

[61] Machado, Hugo de Brito. **Curso de direito tributário.** 25. ed. São Paulo: Malheiros, 2004. p. 89-90.

É certo que as normas gerais em Direito Tributário têm o desiderato de unificar o sistema, atribuindo-lhe racionalidade, de modo a conferir segurança jurídica à relação entre fisco e contribuinte.

Nesse contexto, a Constituição Federal não permite que os entes federados legislem livremente sobre os tributos de sua competência. Os temas relativos a fatos geradores, bases de cálculo, contribuintes, obrigação, lançamento e prescrição e decadência devem ser disciplinados em lei complementar.

A título argumentativo, cabe ressaltar a importância que os institutos da prescrição e decadência representam para a segurança jurídica.

A decadência, no Direito Tributário, é a perda do direito da autoridade fazendária de constituir o crédito tributário em razão do decurso do tempo. Em outras palavras, a decadência impede que a Fazenda Pública exerça, em razão de sua inércia, o direito de lançar de ofício o tributo, consoante a regra estabelecida no art. 173 do CTN.[62] A prescrição, por sua vez, relaciona-se com a perda do direito de ação de cobrança do crédito tributário, que se conta pelo prazo de cinco anos, a partir da sua constituição definitiva, nos termos do art. 174, *caput,* do CTN.[63]

De fato, quanto ao objetivo dos institutos, colhe-se a lição de Ives Gandra da Silva Martins[64], para quem "decadência e prescrição punem a desídia, a imperícia, a negligência, a omissão da Administração Pública e garantem a segurança jurídica, dando estabilidade àquelas relações já constituídas, após determinado prazo, de que não poderão mais ser alteradas".

62 Art. 173 do CTN: "O direito de a Fazenda Pública constituir o crédito tributário extingue-se após 5 (cinco) anos, contados: I – do primeiro dia do exercício seguinte àquele em que o lançamento poderia ter sido efetuado; II – da data em que se tornar definitiva a decisão que houver anulado, por vício formal, o lançamento anteriormente efetuado".

63 Art. 174 do CTN: "A ação para cobrança do crédito tributário prescreve em 5 (cinco) anos, contados da data da sua constituição definitiva".

64 MARTINS, Ives Gandra da Silva. Disciplina jurídica da decadência e prescrição. **Revista de Direito Tributário Contemporâneo**, São Paulo, v. 1, n. 1, p. 25, jul./ago., 2016.

Além de disciplinar a prescrição e a decadência, o CTN, em seus arts. 100[65] e 146[66], estabelece, no plano infraconstitucional, regras que também prestigiam o princípio da segurança jurídica. De acordo com esses dispositivos, a autoridade tributária não pode mudar os critérios jurídicos adotados e aplicá-los retroativamente quanto a um contribuinte que agiu com base neles, tampouco pode puni-lo por ter confiado na Administração.

Em seu art. 100, parágrafo único, o CTN[67] veda a imposição de penalidade e a cobrança de juros de mora e atualização monetária da base de cálculo do tributo, quando o contribuinte observa normas complementares que, posteriormente, se revelaram, por qualquer razão, desprovidas de amparo legal.

É oportuno consignar que as normas infralegais complementares editadas em conformidade com a lei integram a legislação tributária e vinculam tanto a administração tributária quanto os contribuintes. Constituem exemplos dessas espécies normativas de caráter secundário os atos normativos expedidos pela autoridade administrativa tais como decretos regulamentares, regimentos, resoluções, portarias, instruções normativas.

Além disso, não se pode deixar de consignar que as decisões dos órgãos singulares ou coletivos de jurisdição administrativa, a que a lei

[65] Art. 100 do CTN: "São normas complementares das leis, dos tratados e das convenções internacionais e dos decretos:

I – os atos normativos expedidos pelas autoridades administrativas;

II – as decisões dos órgãos singulares ou coletivos de jurisdição administrativa, a que a lei atribua eficácia normativa;

III – as práticas reiteradamente observadas pelas autoridades administrativas;

IV – os convênios que entre si celebrem a União, os Estados, o Distrito Federal e os Municípios.

Parágrafo único. A observância das normas referidas neste artigo exclui a imposição de penalidades, a cobrança de juros de mora e a atualização do valor monetário da base de cálculo do tributo".

[66] Art. 146 do CTN: "A modificação introduzida, de ofício ou em consequência de decisão administrativa ou judicial, nos critérios jurídicos adotados pela autoridade administrativa no exercício do lançamento somente pode ser efetivada, em relação a um mesmo sujeito passivo, quanto a fato gerador ocorrido posteriormente à sua introdução".

[67] Art. 100, parágrafo único, do CTN: "A observância das normas referidas neste artigo exclui a imposição de penalidades, a cobrança de juros de mora e a atualização do valor monetário da base de cálculo do tributo".

atribua eficácia normativa também representam normas complementares, nelas incluídos os pareceres normativos emitidos pela Coordenação do Sistema de Tributação do Ministério da Fazenda, órgão incumbido de unificar a interpretação da legislação tributária, mediante solução de consulta.[68]

De acordo com o art. 100, III, do CTN, em especial, as práticas administrativas reiteradamente observadas pelas autoridades fiscais constituem normas complementares das leis, dos tratados e das convenções internacionais e dos decretos.

O dispositivo revela que desde 1966, quando editado o CTN, há preocupação do legislador tributário em disciplinar conduta direcionada ao prestígio da segurança jurídica, mediante a atribuição do *status* de norma complementar às práticas reiteradas provenientes da interpretação conferida aos textos legais pela autoridade administrativa.

Apresenta-se absolutamente razoável o texto da lei, na medida em que busca assegurar ao contribuinte que se encontra impugnando a constituição do crédito tributário na esfera administrativa, por exemplo, a mesma resposta já dada em outros julgados ou outras consultas nesse sentido, de modo a estabelecer entre os sujeitos da relação jurídico-tributária um comportamento previsível.

O parágrafo único e o *caput* do art. 100 do CTN, além de conferir expressa força normativa aos atos infralegais, denominando-os de normas complementares, assegura ao contribuinte que não haverá cobrança além do tributo devido caso mencionadas normas não encontrem sua validade na lei.

Assim, garante, em última análise, que o contribuinte não se encontrará sujeito a penalidade por um equívoco decorrente de má intepretação da norma tributária pelas autoridades fiscais na expedição de atos normativos de sua competência, pela decisão de seus órgãos, pela prática reiterada de determinada conduta ou pelos convênios que celebram.

Em observância ao princípio da segurança jurídica, notadamente no seu aspecto subjetivo de proteção da confiança, o art. 100 do CTN estabelece que o contribuinte de boa-fé, que se pautou em ato ou prática fiscal anteriormente reconhecida como válida, não pode ser penalizado

[68] Paulsen, 2017, p. 892.

com a cobrança de juros de mora, multa ou correção monetária da base de cálculo do tributo.

Embora se apresente evidente que a autoridade fazendária possa modificar seus critérios jurídicos com a relação a determinados fatos, o art. 146 do CTN, por sua vez, exige que esse tipo de mudança promova apenas efeitos prospectivos. Segundo o dispositivo em evidência, a revisão de critérios jurídicos, mesmo que por força de decisão administrativa, não permite a revisão dos atos já praticados pela autoridade fiscal.

Mencionada revisão opera-se, nesse contexto, para o futuro, e não de forma retroativa, na medida em que os eventuais erros de direito não se enquadram nas hipóteses de revisão de lançamento.

A respeito do tema, colhe-se a posição de José Souto Maior Borges:

> Esse dispositivo poderia ser assim descrito em proposições científicas adequadas à fixação de sua inteligência: uma vez adotada qualquer das alternativas de aplicação das normas gerais e abstratas direta ou indiretamente relacionadas com o lançamento, a autoridade administrativa não poderá substituí-la por outra alternativa se essa substituição estiver fundamentada na simples modificação de critérios jurídicos estabelecidos para a prática do lançamento. E não o pode porque somente relativamente a fato jurídico tributário posterior à introdução dessa modificação inovadora. É norma, portanto, sobre inalterabilidade do lançamento, antes que sobre sua modificabilidade.[69]

É oportuno registrar que, a partir do art. 146 do CTN, reconstrói-se não apenas uma regra que veda a modificação dos critérios jurídicos adotados pela autoridade tributária no exercício do lançamento.

Mais do que isso, o dispositivo consubstancia, no plano infraconstitucional, por garantir que o contribuinte não será surpreendido pela súbita alteração de entendimento proveniente ente tributante, relevantíssima expressão do princípio da segurança jurídica, notadamente em seu aspecto subjetivo de proteção de confiança.

De fato, a revisão dos atos administrativos não pode ser admitida de forma indiscriminada. A modificação empreendida sobre a interpretação de norma tributária, segundo expressa disposição legal, gera efeitos

[69] BORGES, José Souto Maior. **Lançamento tributário.** 2. ed. São Paulo: Malheiros Editores, 1999. p. 285-286.

ex nunc, ou seja, somente pode ser considerada para os fatos geradores ocorridos posteriormente à sua introdução, de modo a conferir ao contribuinte maior segurança jurídica.

Pode-se afirmar que a Constituição Federal pode e deve, por meio de lei complementar, assegurar o estabelecimento de normas gerais que veiculem regras destinadas a observar, na maior amplitude possível, o princípio da segurança jurídica em matéria tributária.

Nesse cenário, no presente capítulo, verificou-se que a segurança jurídica revela-se como um princípio de índole constitucional, que pressupõe previsibilidade, clareza, estabilidade, e racionalidade das ações promovidas pelo Estado, ao tempo em que deve inspirar sentimento de confiança nos indivíduos, a respeito de suas disposições pessoais e dos efeitos jurídicos decorrentes dos seus atos.

Na seara do Direito Tributário, há disposições expressas no texto constitucional que consagram a segurança jurídica, refletida nos princípios da legalidade, da irretroatividade, da anterioridade e da igualdade, assim como na garantia do respeito à coisa julgada e na independência dos controles difuso e concentrado de constitucionalidade.

Ademais, no presente tópico, foi demonstrado que a lei complementar representa diploma legal qualificado constitucionalmente, que estabelece normas gerais em matéria tributária, tais como a prescrição e decadência, e, no contexto do sistema normativo, representa instrumento legal uniformizador e estruturante das condutas dos entes estatais e, por conseguinte, relevante meio para veiculação de preceitos destinados a prestigiar a segurança jurídica.

A seguir, serão discutidos problemas relativos à segurança jurídica em matéria tributária, tais como a complexidade normativa e a oscilação jurisprudencial dos Tribunais Superiores.

CAPÍTULO 2
PROBLEMAS QUE COMPROMETEM A SEGURANÇA JURÍDICA EM MATÉRIA TRIBUTÁRIA

Neste Capítulo serão verificados alguns problemas de segurança jurídica que se relacionam com a matéria tributária, que constitui o principal foco do presente estudo, envolvendo duas relevantes fontes do direito: lei e jurisprudência, que se traduzem na existência de complexidade normativa e na oscilação jurisprudencial, principalmente dos tribunais superiores.

2.1 O desafio da construção legislativa

No campo do Direito Tributário, as relações jurídicas desenvolvem-se, em regra, mediante observância da lei, por vigorar em nosso ordenamento, em matéria tributária, o princípio da legalidade em sentido estrito, conforme exposto no Capítulo 1. Todavia, o próprio sistema normativo autoriza a disciplina de determinadas condutas por atos infralegais, provenientes de autoridades administrativas de diversos entes federados, ensejando produção infinita de normas tributárias.

A sociedade contemporânea modifica-se rapidamente, impulsionada pela imensa quantidade de informações. Diante da maior proximidade com as autoridades, proporcionada por redes sociais e pelo dinamismo social, estimula a proliferação de atos normativos fora do processo legislativo, ao buscar legitimar suas convicções.

De fato, infelizmente, verifica-se que a lei em sentido estrito não vem mais ocupando seu papel estruturante no sistema tributário. Observa-se um crescente protagonismo da administração na disciplina jurídica dos tributos.

Deve-se ressaltar que, na lição de Leandro Paulsen[70], a dimensão do princípio da segurança jurídica no Direito Tributário não se contenta apenas com o princípio da legalidade e com o da proteção das garantias genéricas do direito adquirido, do ato jurídico perfeito e da coisa julgada. Vai além para exigir que a instituição e a majoração de tributos ocorram por meio de lei em sentido formal (reserva legal absoluta) e que sejam observadas outras garantias adicionais, como os princípios da irretroatividade e da anterioridade.

Humberto Ávila[71], por sua vez, esclarece que a segurança jurídica não está necessariamente vinculada à previsibilidade absoluta que os conceitos de classe (tais como compreendidos pela doutrina tributária) supostamente poderiam oferecer. Em outras palavras, esse princípio não significa nenhuma garantia de previsibilidade absoluta de conteúdos por meio de conceitos, e isso porque existem restrições ontológicas fornecidas pela linguagem do Direito e pelas situações de fato. Acrescenta que o princípio da segurança jurídica exige, quando muito, que os cidadãos possam calcular antecipadamente os seus encargos fiscais.

Segue o autor afirmando que, se de um lado uma exigência de determinação definitiva não pode ser cumprida pela linguagem, o legislador deve, por outro lado, inserir elementos materiais da obrigação tributária com o maior detalhamento possível, por meio de termos distintos, mormente "naquelas matérias que possam ser normativamente padronizadas e que, portanto, não digam respeito a prerrogativas técnicas da administração nem sejam incompatíveis com uma regulação com pretensão de permanência".[72]

A realidade atesta que se apresenta impossível que as expressões e os termos utilizados na feitura dos atos normativos assegurem uma previsão absoluta de conteúdo irretocável por meio de conceitos estanques. Não se pode falar em fechamento de linguagem do legislador.

[70] Paulsen, 2006, p. 75.

[71] Ávila, Humberto. **Sistema Constitucional Tributário**. São Paulo: Saraiva, 2006. p. 305-307.

[72] Ibid., p. 316.

Paulo de Barros Carvalho[73] estudou o tema relacionado à linguagem jurídica e leciona não ser correta a proposição segundo a qual, dos enunciados prescritivos do direito posto, extraímos o conteúdo, o sentido e o alcance dos comandos jurídicos. Defende o autor que, a rigor, seria impossível retirar conteúdos de significações de entidades meramente físicas. Argumenta que de tais enunciados, ressaltando sua importância para o Direito, parte-se, isto sim, para a construção das significações, dos sentidos, no processo conhecido como interpretação.

A segurança jurídica demanda conhecimento satisfatório dos textos normativos. O cidadão deve compreender o sentido e o alcance possíveis das normas jurídicas, a fim de que possa conduzir-se em conformidade com o direito.

Especificamente no âmbito do Direito Tributário, os contribuintes necessitam sopesar as consequências fiscais de suas escolhas de forma antecipada, com o mínimo de previsibilidade, a fim de avaliar o impacto financeiro de sua opção. Devem compreender, com exatidão, o significado das regras a que se encontram submetidos, para que possam tomar decisões seguras.

O desenvolvimento econômico requer que as instituições políticas promovam a garantia da ordem pública, assim como a estabilidade social, mediante adoção de um corpo normativo racional, coerente e de práticas previsíveis e seguras, a fim de incentivar indispensáveis investimentos.

A propósito, colhe-se o alerta de Ricardo Mariz de Oliveira, para quem "quase todos os entraves para o desenvolvimento, que têm origem em incertezas, nascem da insegurança jurídica, que se apresenta, por conseguinte, como o principal e maior obstáculo para o povo brasileiro se desenvolver economicamente".[74]

O próprio texto constitucional contempla objetivos fundamentais que devem ser alcançados por meio de instrumentos que promovam o desenvolvimento econômico sustentável do Estado, conforme lecionam Renato Becho e Bruno Basso:

[73] Carvalho, 2015, p. 199.

[74] Oliveira, Ricardo Mariz de. Incertezas que entravam o desenvolvimento. *In*: Santi, Eurico Marcos Diniz de (coord.). **Tributação e desenvolvimento:** homenagem ao professor Aires Barreto. São Paulo: Quartier Latin, 2011. p. 603.

> No Brasil, a Constituição Federal previu, expressamente, como objetivos fundamentais da Nação, a construção de uma sociedade livre, justa, solidária e a garantia ao desenvolvimento nacional (art. 3º, I e II). Na parte relativa aos direitos e garantias fundamentais, dispõe que é livre o exercício de qualquer trabalho, ofício ou profissão (art. 5º, XIII) e, no capítulo referente aos princípios gerais da atividade econômica, estabeleceu que a ordem econômica é fundada na valorização do trabalho humano e na livre iniciativa, tendo por fim assegurar a todos existência digna, conforme os ditames da justiça social (art. 170).
> Todos esses mandamentos constitucionais necessitam ser interpretados sistematicamente, a fim de demonstrar que o desenvolvimento econômico deve ser visto como consequência imediata de uma sociedade livre, que têm, no Estado, o instrumento legítimo para assegurar o livre exercício de atividades econômicas e proporcionar uma vida condizente aos anseios sociais.[75]

O legislador ordinário e as demais autoridades encarregadas na produção de normas jurídicas em matéria tributária devem atuar com a observância desses preceitos constitucionais, que conferem liberdade ao exercício da atividade econômica, a fim de permitir o desenvolvimento do país.

A segurança jurídica demanda estabilidade na mudança do Direito, quer dizer, mediante a proteção de situações subjetivas já garantidas individualmente e a exigência de continuidade do ordenamento jurídico por meio de regras de transição e de cláusulas de equidade.[76]

Cabe registrar que a introdução de normas jurídicas gera modificações no ordenamento. A respeito, cabe rememorar a lição de Alfredo Augusto Becker[77], para quem toda norma é parte integrante do sistema jurídico e, desde o momento de sua criação, exerce um complexo de ações e reações, que decorrem da necessária amalgamação das normas no ordenamento jurídico vigente.

[75] Becho; Basso, v. 15, n. 88, p. 163, jul. 2019.

[76] Ávila, Humberto. **Segurança jurídica:** entre permanência, mudança e realização no direito tributário. 2. ed. São Paulo: Malheiros Editores, 2012. p. 130.

[77] Becker, Alfredo Augusto. **Teoria geral do direito tributário**. 4. ed. São Paulo: Noeses, 2007. p. 123.

Os atos normativos do sistema jurídico-tributário não se circunscrevem às manifestações do Poder Legislativo. O Judiciário e o Executivo também produzem regras que comprometem o conjunto. De fato, o nosso sistema tributário apresenta-se estruturado de forma a permitir um dinamismo lamentável na produção de normas tributárias, conforme será exposto a seguir.

2.2 A complexidade normativa

O sistema tributário nacional vem se aperfeiçoando ao longo do tempo. Destaca-se, em especial, a reforma empreendida na década de 1960 por meio da instituição do Código Tributário Nacional pela Lei 5.172/1966, que trouxe relevante sistematização segundo bases econômicas de incidência tributária e inspirou o constituinte de 1988 na elaboração da Constituição Federal, a qual, por sua vez, assegurou maior autonomia legislativa e financeira aos entes federados, definindo a matriz tributária brasileira.

De fato, a Constituição Federal estabeleceu regras de competência tributária, por meio da prerrogativa, para instituir tributos por leis próprias, conferida às pessoas políticas, a saber: União, Estados, Distrito Federal e Municípios.

Paulo Ayres Barreto traz a seguinte definição para a competência tributária:

> A repartição das competências tributárias, laborada pelo constituinte de 1988, deu-se mediante um conjunto de regras que, fazendo uso de conceitos determinados, delimitou a atuação legislativa dos entes políticos para a criação de tributos. O conteúdo semântico desses conceitos determinados haverá de ser identificado em decorrência de esforço interpretativo que concluirá (a) por sua recepção, em face da novel ordem estabelecida, com base em sua acepção jurídica preexistente, ou (b) por sua transformação (positivação de conceito autônomo), que haverá de ser demonstrada a partir dos comandos normativos insertos nessa nova ordem constitucional instalada.[78]

[78] Barreto, Paulo Ayres. Conceitos constitucionais e competência tributária. *In*: **Temas de Direito Tributário:** estudo em homenagem a Eduardo Bottallo. São Paulo: Saraiva, 2013. p. 343.

O texto constitucional buscou organizar, separar e estruturar as atribuições efetivas de cada um dos entes que compõem a federação, conferindo soluções, previstas em leis complementares, para eventuais controvérsias, em observância ao pacto federativo.

No entanto, na doutrina de Paulo de Barros Carvalho, a configuração jurídica consagrada no texto constitucional reflete bem a complexidade de um Estado igualmente complexo. Segue afirmando o autor que seria até ingenuidade supor que em um sistema em que convivem pessoas dotadas de autonomia legislativa, financeira, administrativa e política, "pudessem existir diretrizes simples e transparentes que, em conjugação elementar com outras providências, tivessem o condão de esquematizar uma organização operativa e eficiente".[79]

De fato, contribui sobremodo para essa complexidade a autonomia legislativa em matéria tributária, assegurada a todos os entes federativos. Essa estrutura de ampla competência normativa repercute a expressão de um povo diante de sua história, marcada por incertezas econômicas e políticas internas e externas, e da vontade de conferir maior liberdade aos integrantes da federação.

Como leciona Heleno Taveira Torres, o Estado passou de uma forma soberano-central para um sistema de rede de fontes normativas. Quer dizer, de uma visão centralizada e monista da produção do direito para um ordenamento pluricêntrico, de produção normativa infinita, o que contribui para um severo alargamento da complexidade interna do sistema.[80]

Ademais, atualmente, vivemos em uma sociedade plural, que se caracteriza pela imensa quantidade de informações, provenientes de diversas fontes, inclusive redes sociais, e pela profusão de atos normativos, quais sejam, leis ordinárias, leis complementares, medidas provisórias, decretos, instruções normativas, portarias, pareceres normativos e soluções de consulta.

Essa sociedade, no âmbito do Estado Democrático de Direito, busca resguardar seus interesses nas normas jurídicas, conduzindo a um complexo quadro normativo, que ocasiona, às vezes, o indevido exercício do poder legiferante, ensejando vulnerabilidade jurídica, decorrente das

[79] Carvalho, v. 10, n. 58. p. 7, set./out. 2016.

[80] Torres, 2012, p. 109-110.

constantes alterações dos diplomas legais, ao sabor de variados interesses, nem sempre legítimos.

Antônio Delfim Neto e Akihiro Ikeda[81] ressaltam que, além de impor uma elevada carga, o sistema tributário brasileiro é complexo, com enorme quantidade de leis, decretos, portarias e instruções normativas que continuam sendo modificados com enorme apetite, encontrando-se recheado de detalhes e exceções.

Heleno Torres, por sua vez, consigna que não são poucas as pesquisas, acompanhadas de dados técnicos sobre excessos e desequilíbrios da carga tributária, que confirmam o entendimento de que há um cenário de instabilidade "decorrente do acúmulo de regulações e das incertezas geradas por leis e atos normativos em geral, contraditórios e confusos, pela dificuldade de cumprimento ou atendimento às obrigações acessórias ou deveres formais".[82]

Segue afirmando o autor que, à unanimidade, a doutrina compreende que a insegurança jurídica em matéria tributária atingiu "grau intolerável" e, com isso, causa severos prejuízos à organização das atividades dos particulares, reduz a eficiência econômica e mitiga a própria capacidade arrecadatória.[83]

Nessa linha de entendimento, a doutrina de Cleucio Santos Nunes, que atribui essa complexidade à existência de mais de dez mil normas compondo o sistema tributário brasileiro, *in verbis*:

> É evidente que um sistema tributário no qual se incluem mais de dez mil normas tributárias credencia-se como complexo, para dizer o mínimo. Essa complexidade e o emaranhado de normas é explicável em função da estrutura da federação brasileira que, além dos estados e do Distrito Federal, inclui os municípios na estrutura federada, resultando, portanto, no número de normas que compõem o sistema. Seguramente, de todos os sistemas normativos previstos a partir do texto constitucio-

[81] DELFIM NETO, Antônio; IKEDA, Akihiro. Aspectos econômicos do sistema tributário brasileiro. *In*: MARTINS, Ives Gandra da Silva; CASTRO, Paulo Rabello de; MARTINS, Rogério Vidal Gandra da Silva (org.). **O direito tributário no brasil:** reflexão sobre o sistema tributário realizada por juristas e economistas. 2. ed. São Paulo: Quartier Latin, 2010. p. 53.

[82] TORRES, 2012, p. 30.

[83] Ibid., p. 31.

nal, o sistema tributário é o que conta com o maior número de normas infraconstitucionais.[84]

Esses dados alarmantes revelam que o Brasil possui uma das legislações mais complexas e confusas do mundo, a demandar de pessoas físicas e jurídicas indispensável auxílio de profissionais da área tributária, para que possam desenvolver suas atividades com a pretensão de que sejam compatíveis com a lei, o que eleva sobremodo o custo de vida e enseja insegurança jurídica.

Pode-se afirmar que esse excesso legislativo constitui uma anomalia do sistema jurídico em vigor, impulsionada pela Constituição Federal de 1988, em ambiente normativo que demanda disciplina de diversos tributos a partir de numerosos comandos constitucionais.

Sobre este aspecto, cumpre destacar a posição de Sérgio André Rocha, a partir de estudos de Cass Sustein e Adrian Vermeule sobre a capacidade (ou desconfiança) institucional quando da intepretação da norma, no sentido da preocupação do legislador com os efeitos e com as possíveis interpretações do aplicador da norma tributária:

> Há uma intersecção entre a perspectiva lançada por Cass Sustein e Adrian Vermeule e o persistente formalismo presente no Direito Tributário brasileiro em relação à elaboração e interpretação/aplicação dos textos legais tributários. De fato, a busca de segurança na atividade do legislador, mediante a elaboração da lei, se dá muitas vezes pela descrença no órgão de aplicação. Ou seja, se o ponto de partida é de que as leis são mal interpretadas/aplicadas, busca-se, na sua elaboração, um fechamento conceitual, uma determinação, um enclausuramento, que limitem ao máximo a liberdade de conformação do intérprete/aplicador.[85]

Adiante, na mesma obra, Sérgio André Rocha conclui que apesar da doutrina tributária tradicional supervalorizar a atividade legislativa e o fechamento conceitual, em busca da segurança jurídica "absoluta", correntes teóricas mais recentes têm colocado em xeque essa perspectiva no sentido de que é inevitável uma indeterminação conceitual e que a

[84] NUNES, 2019, p. 36.

[85] ROCHA, Sérgio André. **Da Lei à decisão**: A Segurança Jurídica Tributária Possível na Pós-Modernidade. Rop de Janeiro: Lumen Juris, 2017. p. 23.

natureza criativa da intepretação "inviabiliza a pretensão de segurança centrada apenas na lei", de sorte que a segurança jurídica deva ser alcançada não somente no texto legal (certeza de qual é o direito aplicável), mas talvez (ou principalmente) quando da intepretação e aplicação da norma tributária.[86] E neste ponto surgem os problemas da instabilidade jurisprudencial e suas soluções, temas que serão abordados adiante.

A segurança jurídica pressupõe cognoscibilidade das normas, que depende da quantidade de informações fornecidas aos destinatários. Entretanto, informação em demasia provoca complexidade, e "complexidade não orienta; informação de menos, contudo, não guia o comportamento e, por isso, também não orienta".[87] De fato, os atos normativos devem conter tão somente os elementos necessários para informar adequadamente os contribuintes.

O exercício do poder de tributar não deve representar para o contribuinte o estabelecimento de desmedidas obrigações tributárias, de modo a fazê-lo suportar indevido sacrifício no cumprimento dos seus deveres fiscais.

O ideal seria que todas as incumbências estejam preconizadas em um ou poucos diplomas legais, os quais devem trazer disposições harmoniosas, racionais, coerentes e simples.

Kiyoshi Harada leciona que, na prática, o nosso sistema tributário tornou-se um dos mais inseguros, tendo em vista legislação ordinária que se desenvolve com impressionante dinamismo destemperado, não respeitando as normas e os princípios constitucionais expressos ou implícitos. Adiante, acrescenta:

> A segurança jurídica em matéria tributária vista sobre o prisma substancial é uma das piores do mundo. Continuamente, são despejadas leis nas três esferas políticas, aonde prevalece a feitura de normas dúbias, complexas e lacunosas que se prestam a toda sorte de interpretações. Esse quadro é agravado pela complementação por meio de decretos regulamentadores que, na maioria das vezes, inovam as disposições legais. O que é pior, os decretos, por sua vez, quase sempre delegam a feitura de detalhes por normas complementares referidas no art. 100 do

[86] Ibid., p. 50.

[87] Ávila, Humberto. **Segurança jurídica:** entre permanência, mudança e realização no direito tributário. 2. ed. São Paulo: Malheiros Editores, 2012. p. 127.

> CTN – instruções normativas, pareceres, portarias, atos declaratórios interpretativos etc. –, que não obedecem à hierarquia vertical das leis. Resulta disso todo um cipoal de normas confusas, dúbias e contraditórias compondo o Sistema Tributário caracterizado por um dinamismo caótico, onde ninguém tem a necessária segurança jurídica.[88]

Por outro lado, a segurança jurídica, por ser um princípio, depende, em boa medida, do cuidado que os aplicadores do direito devem ter ao interpretar as normas jurídicas em contraposição aos fatos que lhe forem submetidos a exame.

A lei não consegue disciplinar integralmente a relação jurídico-tributária. Em várias hipóteses, apresenta-se indispensável a edição de atos normativos infralegais com a finalidade de orientar autoridades tributárias e o contribuinte na prática de seus atos, sem que isso determine ofensa ao princípio da legalidade. O Código Tributário Nacional, em seu art. 100[89], é expresso ao reconhecer as normas complementares como integrantes da legislação tributária.

A ação administrativo-tributária não se resume à lei. Apresenta-se imprescindível o exercício da atividade regulamentar, que depende da hermenêutica da autoridade tributária, de modo a conferir aplicabilidade ao conjunto normativo.

É importante ter em consideração a lição do renomado constitucionalista português José Joaquim Gomes Canotilho, conforme segue:

> O homem necessita de uma certa segurança para conduzir, planificar e conformar autônoma e responsavelmente a sua vida. Por isso, desde cedo, se considerou como elementos constitutivos do Estado de direito o princípio da segurança jurídica e o princípio da confiança do cidadão. [...]

[88] Harada, Kiyoshi. O princípio da segurança jurídica no direito tributário. **Revista de Estudos Tributários**, Porto Alegre, v. 22, n. 127, p. 185-186, mai./jun, 2019.

[89] Art. 100 do CTN: "São normas complementares das leis, dos tratados e das convenções internacionais e dos decretos:
I – os atos normativos expedidos pelas autoridades administrativas;
II – as decisões dos órgãos singulares ou coletivos de jurisdição administrativa, a que a lei atribua eficácia normativa;
III – as práticas reiteradamente observadas pelas autoridades administrativas;
IV – os convênios que entre si celebrem a União, os Estados, o Distrito Federal e os Municípios".

> Os princípios da proteção da confiança e da segurança jurídica podem formular-se assim: o cidadão deve poder confiar em que aos seus atos ou às decisões públicas incidentes sobre os seus direitos, posições jurídicas e relações, praticados ou tomadas de acordo com as normas jurídicas vigentes, se ligam os efeitos jurídicos duradouros, previstos ou calculados com base nessas mesmas normas. Estes princípios apontam basicamente para: (1) a proibição de leis retroativas; (2) a inalterabilidade do caso julgado; (3) a tendencial irrevogabilidade de atos administrativos constitutivos de direitos.[90]

De outro lado, Ricardo Lodi Ribeiro adverte que a legalidade traduz um novo modelo de disciplina legislativa aberto, ponderativo de interesses, e nesse sentido, imprevisível na sua concretização aplicativa. Acrescenta que esse novo modelo, ao vincular a atuação da administração a valores dotados de maior fluidez do que as regras, "acaba por gerar um maior contencioso judicial, com o agigantamento do número de processos e o aumento da morosidade na prestação jurisdicional, agravando a crise na concretização jurisdicional".[91]

Outro fator que contribui para a insegurança jurídica no tocante à questão relativa ao poder regulamentar refere-se às subdelegações, constantes em matéria tributária. Ao tratar do assunto, lembra Marcos Aurélio Pereira Valadão:

> O poder regulamentar, em matéria tributária, não difere do poder regulamentar geral, ou seja, deve ficar adstrito à lei instituidora do tributo. Contudo, problemas decorrem das chamadas delegações de competência. Assim, por exemplo, as alíquotas do Imposto de Importação podem ser alteradas pelo Poder Executivo, nos termos e limites fixados em lei (art. 153, § 1º). A lei instituidora do imposto fixa as alíquotas e os limites dentro dos quais pode ser alterada pelo Poder Executivo, o Presidente da República delega esta atribuição ao Ministro da Fazenda, o qual, por sua vez, delega a mesma atribuição ao Secretário da Receita Federal.[92]

[90] CANOTILHO, José Joaquim Gomes. **Direito constitucional**. Coimbra: Livraria Almedina, 1993. p. 371-373.

[91] RIBEIRO, 2014, p. 309.

[92] VALADÃO, Marcos Aurélio Pereira. **Limitações constitucionais ao poder de tributar e tratados internacionais**. Belo Horizonte: Del Rey, 2000. p. 90-91.

Segue afirmando o autor[93] que essa anomalia quanto à possibilidade de subdelegações para legislar em matéria tributária se repete nos demais entes federativos e alberga, igualmente, as obrigações acessórias em maior escala, permitindo, inclusive, que superintendentes regionais e delegados editem atos normativos disciplinando o tema, nem sempre com amparo na lei.

De fato, verifica-se, com certa frequência, a edição de atos infralegais por delegações e subdelegações, que não encontram validade nas leis que regulamentam, ensejando a indesejável declaração de ilegalidade pelo Poder Judiciário.

A título exemplificativo, a Primeira Seção do Superior Tribunal de Justiça, nos autos do REsp 1.221.170/PR[94], representativo de controvérsia repetitiva, em sessão de julgamento de 22/02/2018, declarou "ilegal a disciplina de creditamento prevista nas Instruções Normativas da SRF ns. 247/2002 e 404/2004, porquanto compromete a eficácia do sistema de não-cumulatividade da contribuição ao PIS e da COFINS, tal como definido nas Leis 10.637/2002 e 10.833/2003".

Na hipótese, observe-se que os contribuintes se encontravam, desde 2002, procedendo ao creditamento da contribuição ao PIS e da COFINS mediante observância de critérios estabelecidos pela autoridade tributária, de acordo com os atos normativos em tela, que se mostraram, em tese, em desconformidade com as leis de regência.

Assim, em flagrante inobservância da segurança jurídica, foram prejudicados, por longo período, considerando a prolação do acórdão em 2018, pela indevida interpretação conferida pela administração tributária. Destaque-se que a questão não envolve apenas o mérito em si da discussão, até porque a decisão do STJ poderia ter sido pela legalidade da IN, pois trata-se de questão de alta controvérsia. O problema também é o tempo que se levou entre a contestação do ato e a decisão final.

Em outro caso, aquela Corte Superior, ao julgar o REsp 1.089.998/RJ[95], declarou ilegal a Instrução Normativa da SRF 468/2004, que definiu o que seria "preço determinado" para fins de cobrança da Contribuição

[93] Ibid., p. 91-92.

[94] BRASIL. **Superior Tribunal de Justiça.** REsp 1.221.170/PR, Rel. Min. Napoleão Nunes Maia Filho. Disponível em: http://stj.jus.br. Acesso em: 05 dez. 2018.

[95] BRASIL. **Superior Tribunal de Justiça.** REsp 1.089.998/RJ, Rel. Min. Humberto Martins. Disponível em: http://stj.jus.br. Acesso em: 05 dez. 2018.

ao PIS e da COFINS no regime não cumulativo instituído pela Lei 10.833/2003. Asseverou que essa definição, ao estabelecer que "o caráter predeterminado do preço subsiste somente até a implementação da primeira alteração de preços", conferiu, de forma reflexa, aumento das alíquotas do PIS (de 0,65% para 1,65%) e da COFINS (de 3% para 7,6%).

A complexidade normativa apresenta-se ainda mais expressiva na disciplina dos denominados "tributos sobre o consumo", os quais são compostos especialmente pela Contribuição ao Programa de Integração Social (PIS), pela Contribuição para o Financiamento da Seguridade Social (COFINS), pelo Imposto sobre Produtos Industrializados (IPI), pelo Imposto sobre Circulação de Mercadoria e Serviços (ICMS) e pelo Imposto sobre Serviços (ISS).[96] As contribuições para o PIS e a COFINS, assim como o IPI, são de competência da União; o ICMS, de competência dos Estados e do Distrito Federal; e o ISS, dos Municípios e do Distrito Federal.

Ressalte-se que a caracterização dos tributos sobre o consumo será analisada com maior profundidade no Capítulo 4.

O disciplinamento de normas legais por atos infralegais é uma constante em todos os sistemas normativos, mas no Brasil tem-se uma profusão de discussões sobre este aspecto. Devido às especificidades dos atos e fatos econômicos e sua dinamicidade, é inviável que a lei (*stricto sensu*) traga todos os detalhes e seja modificada frequentemente,[97] considerando o tempo da tramitação legal, mas, por outro lado, o ato regulador não pode ir além dos preceitos legais.

De fato, não se trata, vale destacar, de abolir as regulações administrativas, as quais deveriam ser afastadas somente quando fossem frontalmente contrárias à lei. Tal entendimento foi firmado pela Suprema Corte dos EUA no caso Chevron[98], mas infelizmente não é observado

[96] TAKANO, Caio Augusto. Tributação sobre o consumo nas importações: neutralidade, competitividade e limitações constitucionais. **Revista Fórum de Direito Tributário** (RFDT), Belo Horizonte, v. 12, n. 67, p. 87-93, jan./fev. 2014.

[97] Talvez o melhor exemplo deste aspecto seja a regulação sobre preços de transferência nos EUA. Com base em Apenas um artigo do Internal Revnue Code (lei aprovada pelo Congresso – 26 U.S. Code § 482. Allocation of income and deductions among taxpayers), produziu-se cerca de quinhentas páginas de Regulamentações (*Code of Federal Reguiations*) de observância obrigatória pelos contribuintes norte-americanos.

[98] Ver US SUPREME COURT *Chevron U.S.A., Inc. v. Natural Resources Defense Council, Inc.*, 467 U.S. 837 (1984). O caso gerou a chamada doutrina da deferência administrativa, pela

pelos tribunais brasileiros. Ademais, a forma analítica como a Constituição Federal, assim como o Código Tributário Nacional, estabelece princípios e outras regras em matéria tributária leva a uma persistente contestação de atos infralegais.

2.3 Jurisprudência oscilante dos tribunais superiores

A segurança jurídica, princípio basilar do Estado Democrático de Direito, conforme exposto no capítulo anterior, desdobra-se no problema da previsibilidade das ações estatais legitimadas não apenas pela lei, mas também pela jurisprudência.

Além da vulnerabilidade decorrente do complexo quadro normativo, há outra vertente que contribui para esse indesejável cenário de insegurança jurídica: a instabilidade jurisprudencial, em especial a oriunda do Supremo Tribunal Federal e do Superior Tribunal de Justiça, órgãos jurisdicionais de cúpula.

As decisões judiciais, principalmente aquelas proferidas pelas cortes superiores, engendram legítima expectativa aos indivíduos de que sua conduta poderá se orientar por determinado padrão definido pelos tribunais. Desse modo, fatos e relações jurídicas verificados sob a vigência de determinado entendimento jurisprudencial, sob ele devem ser regulados, em respeito à boa-fé do jurisdicionado que depositou sua confiança no sistema judicial.[99]

Em seu papel de uniformizar a interpretação em torno do texto constitucional, o Supremo Tribunal Federal vem, especialmente em matéria tributária, promovendo invariáveis mudanças de entendimento, o que igualmente não contribui para a desejável segurança jurídica, conforme relata Humberto Ávila:

> Em matéria tributária, há muito disso. No que se refere ao pagamento de débitos tributários por meio de dação em pagamento, o Tribunal, em 2003, nega a competência para o Estado-Membro criar novas formas de extinção do crédito tributário. Em 2007, no entanto, passou a admiti-la.

qual uma regulação administrativa de uma lei deve ser preservada, ainda que seja discutível, a menos que contrarie frontalmente lei regulada ou o próprio poder legislativo o reconheça.

[99] Coêlho, Marcus Vinicius Furtado. **Segurança jurídica e retroatividade jurisprudencial no STF.** Disponível em: https://www.conjur.com.br/2018-dez-17/constituicao-seguranca-juridica-retroatividade-jurisprudencial-stf. Acesso em: 12 set. 2019.

> No tocante ao depósito recursal de 30% do valor em discussão para a admissão do recurso administrativo, o Tribunal, em 1995, decidiu pela sua compatibilidade com o devido processo legal. O referido Tribunal, em 2007, decidiu pela sua incompatibilidade com o mesmo princípio, com o direito de petição e com o dever de proporcionalidade. Quanto ao direito aos créditos do imposto sobre circulação de mercadorias nas operações beneficiadas com redução de base de cálculo, o Tribunal, em 1997, declarou a inconstitucionalidade de norma proibitiva da compensação do valor recolhido na operação anterior, em razão do conflito com o princípio da não-cumulatividade. Em 2005, o mesmo Tribunal admitiu a sua constitucionalidade, por entender que a redução da base de cálculo é uma isenção fiscal parcial.[100]

Esses exemplos acima citados bem demonstram determinada instabilidade na interpretação de dispositivos constitucionais cuja redação não se modificou ao longo do tempo.

No âmbito do Superior Tribunal de Justiça, infelizmente, o cenário de vulnerabilidade também se mostra presente.

Para tanto, ressalte-se o caso em que se discute se o IPI na importação deve ser recolhido apenas uma vez, por ocasião do desembaraço aduaneiro, ou também na saída do estabelecimento do importador. Cabe registrar que esse debate tem assento atualmente no âmbito jurisdicional, não obstante esteja em vigor o Código Tributário Nacional há mais de 50 (cinquenta) anos – Lei 5.172, de 25/10/1966 –, e a Constituição Federal tenha sido promulgada há mais 30 (trinta) anos, em 05/10/1988. Observe-se, ainda, que esse tema é de absoluta importância para o país, na medida em que enseja impacto direto na configuração do mercado, no preço do produto, envolvendo risco de investimentos no país e vultosos valores, considerando que a sistemática legal permite a uniformização da tributação seja para os produtos importados, seja para aqueles produzidos internamente.

O Superior Tribunal de Justiça, inicialmente, ao solucionar divergência entre as Turmas que compõem a Primeira Seção, encarregada de julgar feitos em matéria tributária, nos autos do EREsp 1.411.749/PR[101], em

[100] Ávila, 2016, p. 67-68.

[101] BRASIL. **Superior Tribunal de Justiça.** EREsp 1.411.749/PR, Rel. para Acórdão Min. Ari Pargendler. Disponível em: http://stj.jus.br. Acesso em: 05 mai. 2019.

sessão de julgamento de 11/06/2014, relator para acórdão o Ministro Ari Pargendler (DJe de 18/12/2014), por maioria de votos, assentou que o IPI na importação deveria ser recolhido apenas uma vez, qual seja, por ocasião do desembaraço aduaneiro.

No entanto, ao julgar o EREsp 1.403.532/SC[102], agora sob o rito dos recursos repetitivos, a mesma Primeira Seção, em sessão de julgamento de 14/10/2015 – um ano e quatro meses após o primeiro julgamento –, igualmente por maioria de votos, sendo relator para acórdão o Ministro Mauro Campbell Marques (DJe 18/12/2015), reverteu seu entendimento e passou a julgar cabível a incidência do IPI também por ocasião da saída do estabelecimento do importador para o mercado interno, quer dizer, na revenda da mercadoria importada.

A matéria foi conduzida ao Supremo Tribunal Federal, que, nos autos do RE 946.648/SC-RG[103], em 30/06/2016, por seu Plenário virtual, reconheceu repercussão geral a respeito do tema, sendo relator o Ministro Marco Aurélio Mello, que, por sua vez, concedeu a medida liminar requerida nos autos da AC 4.129/SC, com a finalidade de suspender a dupla incidência do tributo, até a conclusão do julgamento do referido recurso extraordinário.

Em outras duas controvérsias semelhantes conduzidas recentemente ao Superior Tribunal de Justiça sobressaem a existência de julgados em sentido diverso.

Contribuintes vêm questionando judicialmente a inclusão na base de cálculo do Imposto de Renda Pessoa Jurídica (IRPJ) e da Contribuição Social sobre o Lucro Líquido (CSLL) tanto do crédito presumido de Imposto sobre Circulação de Mercadoria e Serviços (ICMS) quanto de Imposto sobre Produtos Industrializados (IPI).

Em relação ao crédito presumido de ICMS, a Primeira Seção daquela Corte Superior decidiu favoravelmente aos contribuintes, ao fundamento de que, por força do princípio federativo, a União, competente para instituição e cobrança do IRPJ e da CSLL, não poderia exigir que se incluísse na base de cálculo desses tributos um incentivo fiscal outorgado

[102] BRASIL. **Superior Tribunal de Justiça**. EREsp 1.403.532/SC, Rel. para Acórdão Min. Mauro Campbell Marques. Disponível em: http://stj.jus.br. Acesso em: 05 mai. 2019.

[103] BRASIL. **Supremo Tribunal Federal.** RE 946.648/SC-RG, Rel. Min. Marco Aurélio. Disponível em: http://stf.jus.br. Acesso em: 06 mai. 2019.

pelos Estados e ao Distrito Federal, na esfera de suas competências. Asseverou, ainda, que "a base de cálculo do tributo haverá sempre de guardar pertinência com aquilo que pretende medir, não podendo conter aspectos estranhos, é dizer, absolutamente impertinentes à própria materialidade contida na hipótese de incidência".[104]

Contudo, no tocante ao crédito presumido de IPI, julgou a controvérsia em favor da União, por entender – afastada, logicamente, a questão federativa – que "todo benefício fiscal, relativo a qualquer tributo, ao diminuir a carga tributária, acaba, indiretamente, majorando o lucro da empresa e, consequentemente, impactando na base de cálculo do imposto de renda".[105]

Desse modo, ao cuidar de crédito presumido na base de cálculo dos mesmos tributos, às vezes julga cabível sua inclusão, às vezes não.

A segurança jurídica tem sido adotada não apenas como uma ferramenta de argumentação, mas também como um norte para a ação do Estado, seja no sentido de limitá-la seja no sentido de ampliá-la. Passa a exercer, direta e indiretamente, papel importante na aplicação do direito.

É oportuno consignar que, cada vez mais fortalecida, a orientação do Supremo Tribunal Federal interfere na jurisprudência dos tribunais inferiores, moldando suas decisões, traduzindo importante reflexo da irradiação principiológica promovida em conformidade com a Constituição Federal.

Outrossim, cabe ressaltar que, no âmbito tributário, conforme leciona Heleno Taveira Torres, em idêntica questão de direito, deve haver semelhante prestação jurisdicional, porquanto "o princípio da não discriminação integra as limitações constitucionais ao poder de tributar, para garantir que contribuintes que se encontrem em situação equivalente recebam o mesmo tratamento".[106] De fato, a oscilação jurisprudencial, além de comprometer a ordem jurídica, repercute nas relações econômicas e na organização dos negócios.

Tema de absoluta relevância envolve possíveis efeitos retroativos de alterações promovidas pelos tribunais na interpretação conferida

[104] BRASIL. **Superior Tribunal de Justiça.** EREsp 1.517.492/PR, Rel. para acórdão Min. Regina Helena Costa. Disponível em: http://stj.jus.br. Acesso em: 30 out. 2019.

[105] BRASIL. **Superior Tribunal de Justiça.** EREsp 1.210.941/RS, Rel. Min. Og Fernandes. Disponível em: http://stj.jus.br. Acesso em: 30 out. 2019.

[106] TORRES, 2012, p. 378.

aos textos legais. A propósito, colhe-se a lição de Marcus Vinícius Furtado Coêlho:

> A lei, fonte primária do direito, não pode retroagir para prejudicar ato jurídico perfeito, como estabelece princípio constitucional expresso. De igual modo, a alteração da interpretação da lei também não pode retroagir para interferir em contratos e demais atos praticados pelas pessoas físicas e jurídicas de acordo com o entendimento dos tribunais em vigor à época. Tanto mais em épocas atuais quando os precedentes ganham força normativa, ante a sua obrigatória aplicação, assumindo ares normativos. A confiança na orientação da jurisprudência é fundamental para que o Judiciário cumpra a sua pedagógica função de efetuar a pacificação social, com a redução de litígios[107].

É certo que não se pode censurar a conduta dos Tribunais Superiores no sentido de evoluir na interpretação que confere ao texto constitucional e ao direito federal. Todavia, apresenta-se salutar que o processo de formação do convencimento seja construído por meio de amplo debate, para que a decisão a ser proferida seja, por sua vez, fruto de amadurecimento capaz de formar sólida compreensão do sentido e do alcance do ato normativo em exame.

Outrossim, mostra-se razoável que eventual alteração, caso necessária, ocorra quando sobrevierem pressupostos materiais particularmente relevantes e acompanhada de respeito aos comportamentos dos jurisdicionados, pautados na confiança depositada no corpo judicial.

De fato, não há que se falar na existência de um eventual direito à manutenção de jurisprudência. Não se trata, por conseguinte, de imobilização da atividade judicial. Todavia, deve ser posta a questão de saber se e como a proteção da confiança pode estar condicionada pela uniformidade na orientação dos Tribunais Superiores, principalmente. Deve-se reconhecer a necessária eficácia ao princípio da segurança jurídica, pela observância dos valores constitucionais vigentes, considerando os limites da atuação da atividade estatal.

[107] Coêlho, Marcus Vinicius Furtado. **Segurança jurídica e retroatividade jurisprudencial no STF**. Disponível em: https://www.conjur.com.br/2018-dez-17/constituicao-seguranca-juridica-retroatividade-jurisprudencial-stf. Acesso em: 12 set. 2019.

2.4 A possível eficácia rescisória das decisões em razão de pronunciamento do Supremo Tribunal Federal em matéria tributária

Em termos de segurança jurídica em matéria tributária, questão atual de absoluta relevância, de índole jurisprudencial, relaciona-se com a possibilidade de a manifestação de constitucionalidade pelo Supremo Tribunal Federal, em controle concentrado ou difuso, produzir efeitos rescisórios para os contribuintes que, anteriormente, haviam obtido título judicial em sentido diverso, quer dizer, pela inconstitucionalidade da norma que instituíra o tributo.

Nesse cenário, o tema envolve a coisa julgada formada em matéria tributária, na hipótese em que se assegura ao contribuinte o direito de não se submeter à cobrança de determinado tributo, mormente por declaração de inconstitucionalidade incidental de ato normativo.

Essa discussão refere-se, ademais, a problemas oriundos da modificação de jurisprudência, assim como de conflito entre os controles difuso e concentrado de constitucionalidade, além de aspectos relativos aos princípios constitucionais da igualdade e da livre concorrência.

Muitos contribuintes propuseram ações individuais com a finalidade de obter a declaração de inconstitucionalidade da lei que instituiu a Contribuição Social sobre o Lucro Líquido - CSLL (Lei 7.689/1988), sob o argumento de que deveria ser criada por lei complementar, pleito este que restou atendido em vários julgados nas instâncias ordinárias, com preclusão máxima (coisa julgada).

Em 2007, o Supremo Tribunal Federal julgou a ADI 15/DF[108], oportunidade em que concluiu pela adequação da lei federal em referência com o texto constitucional, ou seja, exarou entendimento em linha de confronto com o título judicial obtido em favor dos contribuintes, que afastara a inexigibilidade dessa contribuição.

Na sequência, em 2011, essa questão foi conduzida a julgamento no Superior Tribunal de Justiça, que, nos autos do REsp 1.118.893/MG[109], devido a multiplicidade de casos, afetou como repetitiva a "Controvérsia sobre os limites objetivos da coisa julgada, dadas as alterações legisla-

[108] BRASIL. **Supremo Tribunal Federal.** ADI 15/DF, Rel. Min. Sepúlveda Pertence. Disponível em: http://stj.jus.br. Acesso em: 24 set. 2019.

[109] BRASIL. **Superior Tribunal de Justiça.** REsp 1.118.893/MG, Rel. Min. Arnaldo Esteves Lima. Disponível em: http://stj.jus.br. Acesso em: 24 set. 2019.

tivas posteriores ao trânsito em julgado de sentença declaratória de inexistência de relação jurídica tributária no tocante à Contribuição Social sobre o Lucro Líquido instituída pela Lei 7.689/88".

No julgamento desse caso, a Primeira Seção do STJ prestigiou a estabilização da *res judicata* e a força do controle difuso de constitucionalidade realizado pelas instâncias ordinárias, consoante se colhe do Tema 340, *in verbis*:

> Não é possível a cobrança da Contribuição Social sobre o Lucro (CSLL) do contribuinte que tem a seu favor decisão judicial transitada em julgado declarando a inconstitucionalidade formal e material da exação conforme concebida pela Lei 7.689/88, assim como a inexistência de relação jurídica material a seu recolhimento. O fato de o Supremo Tribunal Federal posteriormente manifestar-se em sentido oposto à decisão judicial transitada em julgado em nada pode alterar a relação jurídica estabilizada pela coisa julgada, sob pena de negar validade ao próprio controle difuso de constitucionalidade.[110]

Em razão desse precedente qualificado, a Fazenda Nacional exarou seu entendimento sobre esse tema no Parecer PGFN/CRJ/492/2011[111],

[110] BRASIL. **Superior Tribunal de Justiça.** Disponível em: <http://stj.jus.br>. Acesso em: 24 set. 2019.

[111] MACEDO, Luana Vargas. Parecer PGFN/CRJ/nº 492/2011. **Revista Fórum de Direito Tributário**, Belo Horizonte, v. 9, n. 54, nov./dez. 2011. Disponível em: <http://bdjur.stj.jus.br/dspace/handle/2011/43544>. Acesso em: 18 jan. 2019. Veja como restou ementado referido parecer: "DECISÃO TRANSITADA EM JULGADO QUE DISCIPLINA RELAÇÃO JURÍDICA TRIBUTÁRIA CONTINUATIVA. MODIFICAÇÃO DOS SUPORTES FÁTICO/JURÍDICO. LIMITES OBJETIVOS DA COISA JULGADA. SUPERVENIÊNCIA DE PRECEDENTE OBJETIVO/DEFINITIVO DO STF. CESSAÇÃO AUTOMÁTICA DA EFICÁCIA VINCULANTE DA DECISÃO TRIBUTÁRIA TRANSITADA EM JULGADO. POSSIBILIDADE DE VOLTAR A COBRAR O TRIBUTO, OU DE DEIXAR DE PAGÁ-LO, EM RELAÇÃO A FATOS GERADORES FUTUROS. 1. A alteração das circunstâncias fáticas ou jurídicas existentes ao tempo da prolação de decisão judicial voltada à disciplina de uma dada relação jurídica tributária de trato sucessivo faz surgir uma relação jurídica tributária nova, que, por isso, não é alcançada pelos limites objetivos que balizam a eficácia vinculante da referida decisão judicial. Daí por que se diz que, alteradas as circunstâncias fáticas ou jurídicas existentes à época da prolação da decisão, esta naturalmente deixa de produzir efeitos vinculantes, dali para frente, dada a sua natural inaptidão de alcançar a nova relação jurídica tributária. 2. Possuem força para, com o seu advento, impactar ou alterar o sistema jurídico vigente, por serem dotados dos atributos da definitividade e objetividade, os seguin-

concluindo, em síntese, que: a) o advento de precedente objetivo e definitivo do Supremo Tribunal Federal, por alterar o sistema jurídico vigente, faria cessar imediatamente a eficácia vinculante das decisões tributárias transitadas em julgado em sentido contrário, independentemente de qualquer providência judicial ou administrativa por parte do Fisco; e b) a coisa julgada que afasta a inexigibilidade de tributo apenas para determinado contribuinte ofende aos princípios da isonomia e da livre concorrência.

Ainda no âmbito da Administração Federal, embora não seja objeto do presente estudo, registre-se que o Conselho Administrativo de Recursos Fiscais (CARF), encarregado de julgar recursos interpostos contra decisões das Delegacias Regionais de Julgamento (DRJs), proferiu acórdão, em 2016, em contrariedade ao posicionamento firmado pelo Superior Tribunal de Justiça, causando insegurança jurídica, por entender que, a depender da época do fato gerador, seria cabível a cobrança de CSLL em face de contribuintes que possuem a seu favor

tes precedentes do STF: (i) todos os formados em controle concentrado de constitucionalidade, independentemente da época em que prolatados; (ii) quando posteriores a 3 de maio de 2007, aqueles formados em sede de controle difuso de constitucionalidade, seguidos, ou não, de Resolução Senatorial, desde que, nesse último caso, tenham resultado de julgamento realizado nos moldes do art. 543-B do CPC; (iii) quando anteriores a 3 de maio de 2007, aqueles formados em sede de controle difuso de constitucionalidade, seguidos, ou não, de Resolução Senatorial, desde que, nesse último caso, tenham sido oriundos do Plenário do STF e confirmados em julgados posteriores da Suprema Corte. 3. Os precedentes objetivos e definitivos do STF constituem circunstância jurídica nova, apta a fazer cessar, prospectivamente, eficácia vinculante das anteriores decisões tributárias transitadas em julgado que lhes forem contrárias. 4. A cessação da eficácia vinculante da decisão tributária transitada em julgado opera-se automaticamente, de modo que: (i) quando se der a favor do Fisco, este pode voltar a cobrar o tributo, tido por inconstitucional na anterior decisão, em relação aos fatos geradores praticados dali para frente, sem que necessite de prévia autorização judicial nesse sentido; (ii) quando se der a favor do contribuinte-autor, este pode deixar de recolher o tributo, tido por constitucional na decisão anterior, em relação aos fatos geradores praticados dali para frente, sem que necessite de prévia autorização judicial nesse sentido. 5. Face aos princípios da segurança jurídica, da não surpresa e da proteção à confiança, bem como por força do art. 146 do CTN, nas hipóteses em que o advento do precedente objetivo e definitivo do STF e a conseqüente cessação da eficácia da decisão tributária transitada em julgado sejam pretéritos ao presente Parecer, a publicação deste configura o marco inicial a partir do qual o Fisco retoma o direito de cobrar o tributo em relação aos fatos geradores praticados pelo contribuinte-autor."

decisão judicial transitada em julgado declarando a inconstitucionalidade dessa contribuição.[112]

Cabe ressaltar que o Superior Tribunal de Justiça consignou, no recurso especial repetitivo em debate, que a coisa julgada se formou relativamente à declaração de inconstitucionalidade da Lei 7.689/1988, instituidora da CSLL. Acrescentou, ainda, que as leis supervenientes apenas modificaram a alíquota e a base de cálculo, de modo que, em tese, os contribuintes favorecidos pelo título judicial assim formado não poderiam se submeter à cobrança da contribuição em tela.[113]

Em relação ao tema em análise, a Suprema Corte, de início, rejeitou a existência de repercussão geral de controvérsia relativa aos limites da *res judicata*, por compreender que a discussão pressuporia análise de lei federal, a configurar ofensa meramente reflexa à Constituição Federal.[114]

No entanto, em momento posterior, nos idos de 2016, o eminente Ministro Edson Fachin, ao apreciar o RE 949.297/CE, reputou "evidente a repercussão geral da presente matéria de índole eminentemente constitucional, na medida em que está em questão a própria arquitetura do sistema de controle de constitucionalidade pátrio, tendo em vista a imbricada relação entre as modalidades abstrata e concreta de fiscalização da constitucionalidade dos atos normativos", no que foi acompanhado pelos demais Ministros do STF

Essa matéria recebeu o Tema 881 e restou assim discriminada:

> Limites da coisa julgada em matéria tributária, notadamente diante de julgamento, em controle concentrado pelo Supremo Tribunal Federal, que declara a constitucionalidade de tributo anteriormente considerado inconstitucional, na via do controle incidental, por decisão transitada em julgado.

[112] BRASIL. **Conselho Administrativo de Recursos Fiscais**. Acórdão nº 9101-002.287, Rel. Conselheira Adriana Gomes Rego. Disponível em: http://carf.fazenda.gov.br. Acesso em: 03 nov. 2019.

[113] BRASIL. **Superior Tribunal de Justiça**. REsp 1.118.893/MG, Rel. Min. Arnaldo Esteves Lima. Disponível em: http://stj.jus.br. Acesso em: 24 set. 2019.

[114] BRASIL. **Supremo Tribunal Federal**. ARE 748.371-RG, Rel. Min. Gilmar Mendes; e ARE 885.450-AgR, Rel. Min. Roberto Barroso. Disponível em: http://stf.jus.br. Acesso em: 25 set. 2019.

Eis a ementa do acórdão:

> RECURSO EXTRAORDINÁRIO. REPERCUSSÃO GERAL. PRELIMINAR. RECONHECIMENTO. DIREITO TRIBUTÁRIO. CONTRIBUIÇÃO SOCIAL SOBRE O LUCRO LÍQUIDO - CSLL. LEI 7.689/88. DIREITO PROCESSUAL CIVIL. COISA JULGADA. LIMITES. INEXISTÊNCIA DE RELAÇÃO JURÍDICA. INCONSTITUCIONALIDADE INCIDENTAL. DECLARAÇÃO DE CONSTITUCIONALIDADE EM CONTROLE ABSTRATO E CONCENTRADO. ADI 15. SÚMULA 239 DO STF.
> A matéria constitucional controvertida consiste em delimitar o limite da coisa julgada em âmbito tributário, na hipótese de o contribuinte ter em seu favor decisão judicial transitada em julgado que declare a inexistência de relação jurídico-tributária, ao fundamento de inconstitucionalidade incidental de tributo, por sua vez declarado constitucional, em momento posterior, na via do controle concentrado e abstrato de constitucionalidade exercido pelo STF.
> Preliminar de repercussão geral em recurso extraordinário reconhecida.[115]

O eminente Ministro Roberto Barroso, por sua vez, relator de recurso extraordinário no qual se debate os "Efeitos das decisões do Supremo Tribunal Federal em controle difuso de constitucionalidade sobre a coisa julgada formada nas relações tributárias de trato continuado", após obter o crivo do plenário virtual, incluiu também essa questão no rol da repercussão geral, a qual foi classificada como **Tema 885** (RE 955.227/BA). Referido julgado recebeu a seguinte ementa:

> DIREITO CONSTITUCIONAL E DIREITO TRIBUTÁRIO. SENTENÇA QUE DECLARA EXISTÊNCIA OU INEXISTÊNCIA DE RELAÇÃO JURÍDICA TRIBUTÁRIA. EFICÁCIA DAS DECISÕES DO SUPREMO TRIBUNAL FEDERAL EM CONTROLE DIFUSO. COISA JULGADA. EFEITOS FUTUROS. RELAÇÕES DE TRATO CONTINUADO. PRESENÇA DE REPERCUSSÃO GERAL. 1. Constitui questão constitucional saber se e como as decisões do Supremo Tribunal Federal em sede de controle difuso fazem cessar os efeitos futuros da coisa julgada em

[115] BRASIL. **Supremo Tribunal Federal.** RE 949.297/CE, Rel. Min. Edson Fachin. Disponível em: http://stf.jus.br. Acesso em: 25 set. 2019.

> matéria tributária, quando a sentença tiver se baseado na constitucionalidade ou inconstitucionalidade do tributo. 2. Repercussão geral reconhecida.[116]

Com vistas a distinguir o seu caso da matéria tratada no Tema 881, o Relator do RE 955.227/BA, na decisão de afetação, consignou que a hipótese em tela versa sobre os efeitos futuros da coisa julgada nas relações de trato continuado com relação às decisões proferidas em controle difuso de constitucionalidade, ainda que sob o rito da repercussão geral, enquanto o RE 949.297/CE cuida desses mesmos efeitos, mas tem como parâmetro as decisões do STF proferidas em controle concentrado.

No particular, transcrevo o excerto do *decisum* pertinente:

> 15. Tampouco se confunde com o objeto do RE 949.297, de relatoria do Min. Edson Fachin, recentemente submetido ao Plenário Virtual, que trata de tema semelhante, porém, está limitado a discutir os efeitos das decisões do Supremo colhidas em sede de controle concentrado de constitucionalidade sobre a eficácia futura da coisa julgada nas relações de trato continuado. Aqui, o que se propõe é que o Plenário defina a relação das decisões em controle difuso, inclusive aquelas proferidas sob a dinâmica da repercussão geral, nos termos do art. 102, § 3º, da CF, com os efeitos futuros da coisa julgada em matéria tributária. Penso que o presente caso e o RE 949.297 são complementares e devem ser julgados pelo Plenário da Corte em regime de repercussão geral, de modo a definir de forma completa esse tema.[117]

A questão submetida ao regime da repercussão geral apresenta-se *sui generis* e instigante, na medida em que não há notícia de que o Supremo Tribunal Federal, ao manifestar-se a respeito da constitucionalidade ou inconstitucionalidade de determinado ato normativo, tenha atribuído eficácia rescisória ao seu pronunciamento. Com efeito, até os dias atuais, a *res judicata* tem sido preservada, exceto nas restritas hipóteses previstas na lei processual.

[116] BRASIL. **Supremo Tribunal Federal**. RE 955.227/BA, Rel. Min. Roberto Barroso. Disponível em: http://stf.jus.br. Acesso em: 25 set. 2019.

[117] BRASIL. **Supremo Tribunal Federal**. RE 955.227/BA, Rel. Min. Roberto Barroso. Disponível em: http://stf.jus.br. Acesso em: 25 set. 2019.

Em se tratando de coisa julgada em matéria tributária, a questão alcança ainda maior relevância, em virtude da relação de trato continuado que, na maioria das hipóteses, contempla as discussões envolvendo a relação entre a Fazenda Pública e o contribuinte.

Nesse contexto, é possível que a solução a ser dada aos recursos extraordinários acima mencionados determine a rescisão da *res judicata* em favor do contribuinte em razão de posterior manifestação de constitucionalidade ou inconstitucionalidade pela Suprema Corte em sede de controle difuso ou concentrado.

É oportuno consignar que o art. 102, § 2º, da Constituição Federal assevera que a declaração de inconstitucionalidade, em controle concentrado, terá eficácia *erga omnes* e efeito vinculante em relação aos órgãos do Poder Judiciário e do Poder Executivo. No entanto, não há nenhuma sobreposição expressa quanto ao controle incidental, de modo a comprometer a *res judicata*. Quer dizer, essa eficácia *erga omnes* e esse efeito vinculante detêm caráter *pro futuro* e não podem, em tese, por conseguinte, atingir situações pretéritas.

A eficácia da decisão transitada em julgado, por sua vez, é, assim como a lei, vinculante e incide sobre os eventos futuros da relação jurídica de direito material deduzida em juízo, nos limites ali estabelecidos, a saber, sobre aqueles fatos e aquelas normas jurídicas que serviram de suporte à manifestação judicial.

De outra parte, em se tratando de coisa julgada formada em matéria tributária, deve ser avaliada a dimensão plural da segurança dos contribuintes, decorrente do impacto da manutenção da *res iudicata* em contraposição, em especial, aos princípios da igualdade e da livre concorrência, na medida em que pode se perpetuar uma indevida vantagem para determinados contribuintes, o que é, igualmente, repudiado pelo ordenamento jurídico pátrio.

Ressalte-se que o princípio da livre concorrência decorre do próprio princípio da igualdade e, por esse motivo demanda "neutralidade econômica dos tributos, segundo o qual é vedado efetuar distinção na carga tributária de contribuinte que atuem de forma concorrencial em um mesmo mercado".[118]

[118] BELLEGARDE, Marina Tanganelli. Limites da coisa julgada tributária e o posicionamento do STF. *In*: BUISSA, Leonardo, et al. (Orgs.). **Processo tributário**. Belo Horizonte: Fórum, 2019. p. 373.

O Supremo Tribunal Federal avaliará, ao julgar os recursos extraordinários em referência, em última análise, a segurança individual do contribuinte, consubstanciada na existência de *res judicata*, em matéria tributária, formada a seu favor, em contraposição à segurança jurídica da coletividade.

Cabe consignar que, ao se evidenciar a mutação jurisprudencial como problema que compromete a segurança jurídica, não se pretende impor um caráter eminentemente definitivo aos pronunciamentos judiciais, afastando-os de possíveis aperfeiçoamentos da hermenêutica. O intuito é ressaltar a importância das decisões das principais cortes do país, que devem orientar, de modo permanente, todas as pessoas submetidas a observância daquela norma jurídica submetida à jurisdição.

O capítulo revela que são corriqueiros inúmeros episódios de verdadeira insegurança jurídica, seja pela complexidade normativa, proveniente, em especial, do amplo poder legiferante conferido aos entes federados, seja pela oscilação jurisprudencial, principalmente a oriunda dos Tribunais Superiores.

Dessa forma, desvela-se uma perplexidade de um cenário de flagrante insegurança jurídica a demandar a necessidade de maior efetividade dos objetivos, princípios e diretrizes consagrados no sistema constitucional tributário.

No capítulo seguinte, serão expostos alguns instrumentos jurídicos, principalmente nas normas processuais, na Lei de Introdução às Normas do Direito Brasileiro – LINDB e na atuação da advocacia pública, que foram introduzidos em nosso ordenamento desde a promulgação da Constituição Federal de 1988, a fim de mitigar os efeitos dessas dificuldades.

CAPÍTULO 3
A EVOLUÇÃO NORMATIVA

A abordagem do tema, como afirmado, transita por questões relativas à segurança jurídico-tributária tanto no âmbito do direito material quanto processual.

Assim, no decorrer do estudo, foram verificados problemas relacionados ao número extenso de normas jurídicas, a ensejar complexidade normativa, assim como exemplos da indesejada mutação jurisprudencial.

Neste Capítulo, busca-se analisar os avanços introduzidos no ordenamento jurídico brasileiro, principalmente a partir da promulgação da Constituição Federal de 1988 e nas últimas duas décadas, destinados a mitigar os problemas apontados e, nessa perspectiva, conferir segurança jurídica às relações jurídico-tributárias.

3.1 Emendas constitucionais que prestigiaram a segurança jurídica: Ação Declaratória de Constitucionalidade, sistemática de julgamento em repercussão geral dos recursos extraordinários e súmula vinculante

A Constituição Federal de 1988, desde a sua promulgação, vem recebendo relevantes alterações em seu texto com a finalidade de conferir maior segurança jurídica à validade dos atos normativos e aos pronunciamentos judiciais, principalmente os oriundos do Supremo Tribunal Federal, o que, certamente, contribui para uma maior estabilidade do direito.

De início, importante destacar a Emenda Constitucional 3/1993, que deu nova redação ao art. 102, inciso I, alínea "a", do texto constitucional, para introduzir a Ação Declaratória de Constitucionalidade (ADC) – instrumento distinto da Ação Direta de Inconstitucionalidade (ADI), esta última já prevista no texto originário –, com o objetivo de estabelecer um mecanismo para dirimir, em caráter definitivo, eventuais incertezas acerca da constitucionalidade de lei ou de ato normativo federal.

Ressalte-se que na ADI, conforme leciona Paulo Bonavides, "impugna-se perante determinado tribunal uma lei, que poderá perder sua validade constitucional e consequentemente ser anulada *erga omnes* (com relação a todos)".[119]

Na lição de Michel Temer[120], com essa espécie de processo abstrato, "objetiva-se obter a invalidação da lei, em tese. No debate posto na ação direta de inconstitucionalidade não há caso concreto a ser solucionado. Almeja-se expurgar do sistema ato normativo que o contrarie, independentemente de interesses pessoais ou materiais".

Quando proferida a decisão nessas hipóteses, ela terá eficácia *erga omnes* e efeito vinculante com relação aos demais órgãos do Poder Judiciário e do Poder Executivo, nos termos do art. 102, § 2º, da Constituição Federal.

O procedimento da ação direta de inconstitucionalidade e da ação declaratória de constitucionalidade, quando o ato normativo tiver como parâmetro a Constituição Federal e a ação tiver sido ajuizada perante o STF, foi regulamentado pela Lei 9.868/1999, legislação que inclusive permitiu a possibilidade de modulação dos efeitos da decisão judicial proferida em controle abstrato.

Essa foi uma resposta legislativa ao período de grande ineficácia das decisões provenientes dos Tribunais Superiores. A propósito, os ensinamentos de Octavio Campos Fischer e Adriana da Costa Ricardo Schier, para quem, considerando a interpretação literal conferida ao texto constitucional, foi necessário alterar expressamente o seu teor para que se reconhecesse a eficácia vinculante das decisões proferidas nas Ações

[119] Bonavides, 2002, p. 277.

[120] Temer, Michel. **Elementos de direito constitucional**. 17. ed. São Paulo: Malheiros, 2001. p. 44.

Diretas de Inconstitucionalidade (ADIs), apesar de já estar consagrada a sua eficácia *erga omnes*.[121]

Além disso, convivia-se com o paradoxo de se admitir a eficácia vinculante no controle concentrado apenas para a Ação Declaratória de Constitucionalidade (ADC). Outro exemplo dessa interpretação gramatical é a discussão se a declaração de inconstitucionalidade realizada em controle difuso pelo Supremo Tribunal Federal teria eficácia *erga omnes* ou se seria necessária a edição de resolução do Senado Federal para expurgar a norma do sistema. Nas palavras de mencionados autores:

> Mais intrigante foi conviver com a possibilidade de uma declaração de inconstitucionalidade de uma mesma lei ter eficácia vinculante se a decisão fosse proferida em ação declaratória de constitucionalidade, e não ter eficácia vinculante se fosse proferida em ação direta de inconstitucionalidade.
> A dramaticidade adquiria um nível maior se considerarmos um paralelo entre o controle de constitucionalidade concentrado e o difuso. Porque se passou muito tempo discutindo se a resolução do Senado Federal (art. 52, X, da CF/88) seria ou não necessária para (i) expulsar do ordenamento a norma declarada inconstitucional e (ii) conferir eficácia erga omnes à decisão do Supremo Tribunal Federal, sendo que não se cogitava a sério sequer discutir se tal decisão judicial poderia ter, por si, eficácia vinculante.[122]

Nesse cenário, admitia-se haver uma distinção entre a eficácia dos pronunciamentos da Suprema Corte provenientes de controle difuso em relação ao controle concentrado. Isso porque, como antes consignado, adotou-se a interpretação gramatical dos textos, e somente com a alteração textual da Constituição passou-se a admitir a eficácia vinculante das decisões da Suprema Corte em controle difuso de constitucionalidade.

É oportuno registrar que a organização judiciária, estabelecida pela Constituição Federal, claramente confere à Suprema Corte posição de destaque, encontrando-se no topo da hierarquia entre os órgãos do

[121] FISCHER, Octavio Campos; SCHIER, Adriana da Costa Ricardo. Conflitos tributários e a realização do direito fundamental à segurança jurídica. **Interesse Público**, Belo Horizonte, v. 20, n. 112, p. 116-117, nov./dez. 2018.

[122] FISCHER, 2018, p. 116-117.

Poder Judiciário. Compete-lhe a última interpretação, quer dizer, a palavra final a respeito, em especial, dos temas de índole constitucional.

Em termos de Direito Tributário, no propósito de uma tributação justa, espera-se, por imperativo de segurança jurídica, que a interpretação dos textos constitucionais e legais seja uniforme, observadas as garantias do devido processo legal e da coisa julgada, permitindo que o Estado Democrático de Direito atue na concretização dos direitos e liberdades fundamentais.[123]

Adiante, com a superveniência da Emenda Constitucional 45/2004, foram introduzidos novos mecanismos de uniformização da jurisprudência nacional. Instituiu-se a sistemática de julgamento em repercussão geral dos recursos extraordinários e a súmula vinculante, pronunciamentos do Supremo Tribunal Federal de observância obrigatória, inclusive quando realiza o controle difuso de constitucionalidade, por todas as demais instâncias judiciais.

A ideia da instituição da sistemática da repercussão geral, assim como do recurso repetitivo, é resgatar a tarefa constitucional das Tribunais Superiores como cortes de precedentes, a saber, de solucionar apenas o recurso representativo de controvérsia (*leading case*), e não atuar como terceira ou quarta instância, resolvendo os casos concretos, que constitui atribuição jurisdicional das cortes de apelação.

A demonstração de repercussão geral no tema conduzido, em recurso extraordinário, passou a ser requisito de admissibilidade recursal. Trata-se de um filtro político-jurídico de acesso, para permitir que o Supremo Tribunal Federal se dedique somente ao julgamento de teses de direito constitucional que se mostrem relevantes e transcendentes. Foi introduzido no ordenamento justamente para garantir a aplicação dos preceitos fundamentais de isonomia e segurança jurídica.[124]

Desde a afetação do tema no regime da repercussão geral, os tribunais devem sobrestar os demais recursos extraordinários que versem sobre a questão controvertida. Se o acórdão recorrido contrariar o entendimento que for estabelecido pela Suprema Corte, deve retornar os autos ao órgão julgador para que seja exercido o juízo de adequação.

123 TORRES, 2012, p. 286.

124 LAMY, Eduardo de Avelar; SCHMITZ, Leonardo Ziesemer. A administração pública federal e os precedentes do STF. **Revista de Processo**, São Paulo, v. 37, n. 214, p. 203, dez. 2012.

Em caso de conformidade com a tese firmada, cabe ao órgão competente do Tribunal *a quo* negar seguimento ao recurso extraordinário, por decisão susceptível, tão-somente, de agravo interno, dirigido à própria Corte de origem.

O julgamento realizado em tal sistemática, por conseguinte, impede que novos recursos extraordinários subam ao Supremo Tribunal Federal, por representarem um precedente qualificado, que veicula a última palavra do Poder Judiciário acerca do tema que, por esse motivo, por imperativo de segurança jurídica, devem ser observados por todos.

Ainda com o intuito uniformizador, sobreveio a possibilidade de instituição de súmula vinculante pela Corte Constitucional Brasileira, com efeito vinculante para o Poder Judiciário e o Poder Executivo, nos moldes da redação conferida ao novel art. 103-A da Constituição Federal.[125]

Com efeito, especialmente a pronúncia de validade ou invalidade da norma declarada pela Corte Suprema, por ser a principal instituição a preservar e garantir a eficácia plena da Constituição Federal, tem recebido do sistema instrumentos que lhe garantam um caráter cada vez mais vinculante.

Nessa linha de entendimento, Ives Gandra da Silva Martins destaca competir precipuamente ao próprio STF garantir aos cidadãos a certeza e a segurança do direito por meio da estabilidade de suas decisões, *verbis*:

> Cabe à Suprema Corte ser a primeira, a principal instituição a garantir a Constituição, a preservá-la, a dar-lhe eficácia plena, a permitir que os cidadãos tenham a certeza e a segurança do direito.
>
> Não se pode admitir que a guardiã da Constituição não a guarde e, em vez de ofertar certeza e segurança, traga a insegurança e a incerteza a todos os jurisdicionados, a todos os cidadãos, às próprias instituições e à Democracia.
>
> Segurança e certeza são atributos fundamentais do Estado de Direito. E a Suprema Corte, suprema guardiã de tais atributos – direitos funda-

[125] Art. 103-A da Constituição Federal: "O Supremo Tribunal Federal poderá, de ofício ou por provocação, mediante decisão de dois terços dos seus membros, após reiteradas decisões sobre matéria constitucional, aprovar súmula que, a partir de sua publicação na imprensa oficial, terá efeito vinculante em relação aos demais órgãos do Poder Judiciário e à administração pública direta e indireta, nas esferas federal, estadual e municipal, bem como proceder à sua revisão ou cancelamento, na forma estabelecida em lei".

mentais –, tem a responsabilidade maior de preservá-los ou adotar mecanismos capazes de, nas alterações de posicionamentos, não permitir que impliquem o estabelecimento do vício maior do sistema democrático, que é a instabilidade institucional.[126]

A manifestação pela constitucionalidade ou inconstitucionalidade de uma norma pelo Supremo Tribunal Federal, por ser um precedente qualificado, deve ser seguido por todos os demais órgãos do Poder Judiciário. Outrossim, o ordenamento jurídico requer uniformidade de interpretação pelos seus julgadores, a fim de conferir racionalidade ao sistema.

Desde a promulgação da Emenda Constitucional 45/2004, em especial, verifica-se uma evidente mudança na cultura de enfrentamento de litígios. A partir de então, foram instituídos instrumentos que conferem maior estabilização e homogeneidade às decisões judiciais, como a súmula vinculante, a repercussão geral e, posteriormente, o recurso especial repetitivo, entre outros.

Esses aperfeiçoamentos decorrem da busca de uma interpretação uniforme e coerente da legislação, assim como da necessidade de uma vinculação, com forte carga persuasiva, das decisões do Supremo Tribunal Federal e do Superior Tribunal de Justiça sobre os demais órgãos jurisdicionais.

Assim, reconhecida a existência de um cenário de julgados divergentes, a Constituição Federal passou a estabelecer novos mecanismos, principalmente no âmbito dos Tribunais Superiores, destinados a uniformizar a jurisprudência e, assim, conferir maior segurança jurídica aos jurisdicionados.

3.2 O Código de Processo Civil de 2015 e a tendência evolutiva de fortalecimento dos julgados provenientes dos tribunais superiores

No âmbito do sistema processual, também tem se prestigiado a estabilidade da jurisprudência, aproximando-se o *civil law* do sistema de precedentes (*common law*), em especial, com a entrada em vigor do Código

126 Martins, Ives Gandra da Silva. Efeitos prospectivos de Decisões definitivas da Suprema Corte em Matéria Tributária. *In:* **Coisa julgada, constitucionalidade e legalidade em matéria tributária**. São Paulo: Dialética; Fortaleza: Instituto Cearense de Estudos Tributários, 2006. p. 216-217.

de Processo Civil de 2015 (CPC/2015), que criou mecanismos visando reduzir decisões judiciais divergentes, ao tempo que buscou assegurar o fortalecimento do papel dos Tribunais Superiores.

Esse foi um movimento também já verificado no anterior *codex* de processo civil, a partir da década de 1990, por meio das denominadas mini reformas em seu texto, podendo-se citar, como exemplos, a possibilidade de julgamento monocrático do Relator nos tribunais quando se tratasse de jurisprudência consolidada (art. 557 do CPC/1973 - Lei 9.139/1995[127]), a súmula impeditiva de recursos (art. 518, § 1º, CPC/1973 - Lei 8.950/1994[128]), a introdução dos recursos repetitivos no STJ de eficácia vinculativa (art. 543-C do CPC/1973 - Lei 11.672/2008[129]), dentre outros.

O novo texto processual buscou aprimorar os problemas que detectou no texto antigo, como o caso em que o recurso especial não era conhecido pelo Superior Tribunal de Justiça por versar sobre matéria constitucional e, no mesmo processo, o Supremo Tribunal Federal não conhecia do recurso extraordinário por considerar que eventual ofensa constitucional seria reflexa. Ou seja, a matéria discutida não era apreciada pelas Cortes Superiores. Com a finalidade de solucionar esse denominado "limbo jurisdicional", os arts. 1.032 e 1.033 do CPC/2015 passaram a prever a aplicação da técnica da fungibilidade recursal, mediante a abertura de prazo para a parte que interpôs o recurso especial manifestar-se sobre eventual existência de repercussão geral, a fim de viabilizar a abertura da via extraordinária.

Leciona Sérgio Luiz Kukina que referida inovação legislativa acabou com esse vácuo de jurisdição entre as Cortes Superiores, *in verbis*:

> Como decorrência dessas incertezas, ao longo da vigência do Código Buzaid (1974 a 2016), frequentes eram os desfechos embaraçosos

[127] Art. 557 do CPC/1973: "O relator negará seguimento a recurso manifestamente inadmissível, improcedente, prejudicado ou contrário à súmula do respectivo tribunal ou tribunal superior".

[128] Art. 518, § 1º da Lei 8.950/1994: "O juiz não receberá o recurso de apelação quando a sentença estiver em conformidade com súmula do Superior Tribunal de Justiça ou do Supremo Tribunal Federal".

[129] Art. 543-C do CPC/1973: "Quando houver multiplicidade de recursos com fundamento em idêntica questão de direito, o recurso especial será processado nos termos deste artigo".

> impostos às partes recorrentes que, mesmo lançando mão simultaneamente dos recursos especial e extraordinário (por ter o acórdão recorrido se utilizado de fundamentação constitucional e infraconstitucional – cf. Súmulas 283 do STF e 126 do STJ), terminavam, ainda assim, privadas de jurisdição recursal, como consequência de o STJ não vislumbrar conotação infraconstitucional no tema e o STF concluir que a alegada ofensa constitucional, acaso existente, seria não mais que reflexa. Todavia, com a incorporação da técnica da fungibilidade entre os recursos especial e extraordinário, como prevista no CPC/15 (arts. 1.032 e 1.033), o referido vácuo de jurisdição deverá, naturalmente, perder espaço.[130]

Outrossim, a legislação processual brasileira passou a adotar de maneira expressa a doutrina do precedente, segundo a qual não se admite mais que os provimentos jurisdicionais prolatados pelas instâncias ordinárias deixem de seguir o entendimento já exarado pelos Tribunais de apelação a que se vinculam, e, principalmente, pelas Cortes Superiores, sob a simples justificativa de que "não concordam" com a questão assim decidida.

Ao ressaltar a importância da adoção de sistemática de precedentes como instrumento de observância do princípio da segurança jurídica, em seu conteúdo previsibilidade, ensina Ricardo Villas Bôas Cueva:

> Um sistema de precedentes obrigatórios ou vinculantes justifica-se com base nos princípios da segurança jurídica e da isonomia. A segurança jurídica enfeixa as noções de previsibilidade das decisões judiciais, contribuindo para maior eficiência do sistema de justiça, já que, por um lado, os aplicadores do direito não terão de, a cada caso, refazer o percurso hermenêutico que determina a incidência da norma ao fato.[131]

130 KUKINA, Sérgio Luiz. Temas comuns e soluções diversas no STJ e no STF. *In*: LUCON, Paulo Henrique dos Santos et ali. (Orgs.). **Processo civil contemporâneo:** homenagem aos 80 anos do professor Humberto Theodoro Júnior. Rio de Janeiro: Forense, 2018. p. 848.

131 CUEVA, Ricardo Villas Bôas. A modulação dos efeitos das decisões que alteram jurisprudência dominante do STJ (art. 927, § 3º, do novo CPC). *In:* ARAÚJO, Raul; MARCONI, Cid; ROCHA, Tiago Asfor. **Temas atuais e polêmicos na justiça federal**. Salvador: JusPodivm, 2018. p. 111.

A força vinculante do precedente judicial representa, de fato, o reconhecimento da necessidade de se conferir o devido respeito à interpretação conferida pelos órgãos jurisdicionais de cúpula, em decorrência do valor que deve ser dado à igualdade e à segurança jurídica.

A propósito, colhe-se a doutrina de Daniel Mitidiero:

> Sendo parte integrante do ordenamento jurídico, o precedente deve ser levado em consideração como parâmetro necessário para aferição da igualdade de todos perante a ordem jurídica e para promoção da segurança. Isso implica, a uma, que casos iguais sejam tratados de forma igual pela Corte Suprema e por todos os órgãos jurisdicionais a ela ligados a partir do conteúdo do precedente, e, a duas, que a exigência de cognoscibilidade inerente à segurança jurídica leve em consideração o processo de interpretação judicial do Direito e seu resultado.[132]

Assim, a instituição da sistemática de julgamento em repercussão geral dos recursos extraordinários e do regime dos recursos especiais representativos de controvérsia repetitiva aponta, sem dúvida, para uma tendência de conferir força vinculativa a pronunciamentos em caráter definitivo dos Tribunais Superiores.

Oportuno diferenciar os termos precedente e jurisprudência. Enquanto o precedente geralmente refere-se a um único caso (processo piloto) e a sua razão de decidir pode ser aplicada em outras hipóteses através da verificação da semelhança entre os fatos do processo, a jurisprudência abarca uma pluralidade de decisões e possibilita até mesmo a existência de correntes distintas sobre um mesmo caso.

Nesse passo, a adoção da doutrina dos precedentes oportuniza a redução do campo de equivocidade inerente ao direito, consoante defende Luiz Alberto Gurgel de Faria, enfatizando também o seu importante papel na garantia da segurança jurídica, *in verbis*:

> O respeito aos precedentes assegura, portanto, a segurança jurídica, conferindo credibilidade ao Poder Judiciário e permitindo que os jurisdicionados pautem suas condutas levando em conta as teses já firmadas, o que estratifica a confiança legítima: os jurisdicionados passam a confiar

[132] MITIDIERO, Daniel. **Cortes superiores e cortes supremas:** do controle à interpretação da jurisprudência ao precedente. São Paulo: Revista dos Tribunais, 2013. p. 76.

> nas decisões proferidas pelo Judiciário, acreditando que os casos similares terão os mesmos tratamentos e as soluções serão idênticas para os casos iguais.[133]

Outra novidade trazida pelo CPC/2015 foi a regra disposta em seu art. 332[134], que passou a prever o indeferimento liminar da inicial, por exemplo, quando o pedido veiculado contrariar súmulas dos Tribunais Superiores ou decisões proferidas em repetitivos ou em repercussão geral. Quer dizer, essa novidade impede o processamento de uma ação tendente a contrariar um entendimento pacífico firmado por órgão de cúpula do Poder Judiciário a respeito de determinado tema.

Criou-se ainda, no âmbito dos Tribunais de Justiça e dos Tribunais Regionais Federais, o incidente de resolução de demandas repetitivas (art. 976 do CPC/2015[135]), com a finalidade de uniformizar entendimento na esfera de suas competências, de observância obrigatória para o primeiro grau de jurisdição.

O art. 926, *caput*, do CPC/2015, por sua vez, também de maneira a assegurar a segurança jurídica, prescreve: "Os tribunais devem uniformizar sua jurisprudência e mantê-la estável, íntegra e coerente".

Cuida-se de uma mensagem dirigida aos tribunais, a fim de que procurem adotar uma conduta serena na atividade de dizer o direito, com respeito aos precedentes que ele próprio produziu. Nesse sentido, a lição de Fredie Didier Jr., Paula Sarno Braga e Rafael Alexandria de Oliveira:

[133] Faria, Luiz Alberto Gurgel de. O novo CPC e a vinculação aos precedentes – breves considerações. *In*: Araújo, Raul; Marconi, Cid; Rocha, Tiago Asfor (orgs.). **Temas atuais e polêmicos na justiça federal**. Salvador: JusPodivm, 2018. p. 323-324.

[134] Art. 332 do CPC/2015: "Nas causas que dispensem a fase instrutória, o juiz, independentemente da citação do réu, julgará liminarmente improcedente o pedido que contrariar: I – enunciado de súmula do Supremo Tribunal Federal ou do Superior Tribunal de Justiça; II – acórdão proferido pelo Supremo Tribunal Federal ou pelo Superior Tribunal de Justiça em julgamento de recursos repetitivos; III – entendimento firmado em incidente de resolução de demandas repetitivas ou de assunção de competência; IV – enunciado de súmula de tribunal de justiça sobre direito local".

[135] Art. 976 do CPC/2015: "É cabível a instauração do incidente de resolução de demandas repetitivas quando houver, simultaneamente: I – efetiva repetição de processos que contenham controvérsia sobre a mesma questão unicamente de direito; II – risco de ofensa à isonomia e à segurança jurídica".

> Nesse aspecto, o princípio da segurança jurídica impõe não apenas o dever de obediência aos precedentes judiciais – e aos diversos efeitos que lhe são atribuídos pelo ordenamento – como também o dever de o tribunal uniformizar a jurisprudência, evitando a propagação de teses jurídicas díspares acerca de situações de fato semelhantes.
>
> O respeito aos precedentes garante ao jurisdicionado a segurança de que a conduta por ele adotada com base na jurisprudência já consolidada não será juridicamente qualificada de modo distinto do que se vem fazendo; a uniformidade da jurisprudência garante ao jurisdicionado um modelo seguro de conduta presente, na medida em que resolve as divergências existentes acerca da tese jurídica aplicável a situações de fato semelhantes.[136]

De outro lado, de maneira a não engessar o sistema jurisdicional, passou-se a prever alguns mecanismos de revisão de entendimento, com base na experiência do *common law*, quais sejam, o *distinguishing*, segundo o qual o precedente deixa de ser aplicado em virtude da constatação de que o caso é diverso, e o *overruling*, pelo qual se propõe o rejulgamento da tese com base em fundamentos não levados em consideração, ou então porque houve mudança na compreensão da controvérsia.

Com efeito, a criação de mecanismos tendentes a uniformizar os pronunciamentos judiciais não pode ser obstáculo ao aprimoramento da interpretação das normas jurídicas.

Em outras palavras, a segurança jurídica não pode servir de fundamento para preservação de entendimentos que se apresentam, em última análise, em desarmonia com o alcance e o sentido dos textos legais.

Além disso, a modulação dos efeitos da decisão judicial foi expressamente acolhida pelo CPC/2015, em três artigos: 525, § 13[137], 535, § 6º[138],

[136] DIDIER JR., Fredie; BRAGA, Paula Sarno; OLIVEIRA, Rafael Alexandria. **Curso de direito processual civil:** teoria da prova, direito probatório, ações probatórias, decisão, precedente, coisa julgada e antecipação dos efeitos da tutela. v. 2. Salvador: JusPodivm, 2016. p. 483.

[137] Art. 525, § 13, do CPC/2015: "No caso do § 12, os efeitos da decisão do Supremo Tribunal Federal poderão ser modulados no tempo, em atenção à segurança jurídica".

[138] Art. 535, § 6º, do CPC/2015: "No caso do § 5º, os efeitos da decisão do Supremo Tribunal Federal poderão ser modulados no tempo, de modo a favorecer a segurança jurídica".

e 927, § 3º.[139] Os dois primeiros cuidam da inexigibilidade da obrigação pela declaração de inconstitucionalidade de lei no cumprimento definitivo de sentença e no cumprimento de obrigação pela Fazenda Pública, e preconizam que "os efeitos da decisão do Supremo Tribunal Federal poderão ser modulados no tempo, em atenção à segurança jurídica", enquanto que o art. 927, § 3º, autoriza a modulação dos efeitos da decisão pelos Tribunais Superiores no caso de alteração de jurisprudência dominante ou revisão de teses firmadas em recursos repetitivos.

A Primeira Turma do Superior Tribunal de Justiça, a quem compete julgar as questões de direito público, já inspirada nos ares do novo CPC e em atenção à segurança jurídica, orientou-se no seguinte sentido:

> A mutação jurisprudencial tributária de que resulta oneração ou agravamento de oneração ao Contribuinte somente pode produzir efeitos a partir da sua própria implantação, não alcançando, portanto, fatos geradores pretéritos, consumados sob a égide da diretriz judicante até então vigorante; essa orientação se apoia na tradicional e sempre atual garantia individual de proibição da retroatividade de atos oficiais (ou estatais) veiculadores de encargos ou ônus: sem esse limite, a atividade estatal tributária ficaria à solta para estabelecer exigências retrooperantes, desestabilizando o planejamento e a segurança das pessoas.[140]

Em outra oportunidade, esse mesmo órgão julgador, concluiu pela inaplicabilidade da alteração legislativa (Lei 12.767/2012) que havia introduzido a possibilidade de protesto da Certidão da Dívida Ativa (CDA), a ato praticado antes da vigência de referida lei, em consideração à anterior jurisprudência do Superior Tribunal de Justiça em sentido contrário, bem como em atenção à segurança jurídica.[141]

Dessa forma, a modulação dos efeitos das decisões no âmbito dos Tribunais Superiores, especialmente nos casos em que ocorre o fenô-

[139] Art. 927, § 3º, do CPC/2015: "Na hipótese de alteração de jurisprudência dominante do Supremo Tribunal Federal e dos tribunais superiores ou daquela oriunda de julgamento de casos repetitivos, pode haver modulação dos efeitos da alteração no interesse social e no da segurança jurídica".

[140] BRASIL. **Superior Tribunal de Justiça**. REsp 1.596.978/RJ, Rel. Min. Napoleão Nunes Maia Filho. Disponível em: http://stj.jus.br. Acesso em: 28 jan. 2019.

[141] BRASIL. **Superior Tribunal de Justiça**. REsp 1.109.579/PR, Rel. Min. Sérgio Kukina. Disponível em: http://stj.jus.br. Acesso em: 28 jan. 2019.

meno da "virada de jurisprudência", tem sido observada, de certo modo, em ordem a salvaguardar a segurança jurídica.

Essa a lição de Nelson Nery Junior e Rosa Maria de Andrade Nery, ao comentar o já citado art. 927, § 3º, do CPC/2015, *verbis*:

> 29. Superação de entendimento (*Overruling*). Eficácia *ex nunc*. Não obstante a regra geral de retroeficácia de inconstitucionalidade de lei, existe a possibilidade de o tribunal declarar efeitos apenas para o futuro. No caso de modificação da jurisprudência sedimentada, a eficácia *ex nunc* é obrigatória, em razão da boa-fé objetiva e da segurança jurídica (Nelson Nery Junior. *Boa fé objetiva e segurança jurídica: eficácia de decisão judicial que altera jurisprudência anterior do mesmo tribunal superior* [Carraza-Ferraz--Nery. *Ex nunc*, p. 77]). Tendo em vista os princípios em que se baseia o direito brasileiro, a superação do entendimento (*overruling*) sempre demandará modulação dos efeitos, não sendo tal modulação facultativa, como o texto comentado parece crer.[142]

Pode-se concluir que as mencionadas alterações pretendem obstar, ao máximo, a jurisprudência vacilante, permissiva de soluções diversas para idênticas controvérsias, mediante a instituição de mecanismos de natureza processual, inclusive no âmbito das instâncias ordinárias, tendentes a prestigiar a verticalização com a necessária homogeneidade de decisões.

É oportuno consignar que, mesmo antes da superveniência do novo CPC, Misabel Abreu Machado Derzi já propugnava, com base no princípio da irretroatividade, não obstante expressamente direcionado às leis, por força do texto constitucional, sua utilização no tocante às modificações da jurisprudência, para fundamentar modulação dos efeitos de decisões judiciais, ao asseverar:

> Então, os precedentes consolidados de um Tribunal, chamados de normas judiciais, somente podem ser comparados às normas postas pelo legislador, porque são enunciados em conceitos também abstratos e gerais, embora muito mais concretos e determinados do que os das leis originais em que se baseiam. Mas, uma vez vinculantes para terceiros,

[142] Nery Junior, Nelson; Nery, Maria de Andrade. **Código de processo civil comentado.** 16. ed. São Paulo: Revista dos Tribunais, 2016. p. 1970.

> que não são parte no processo, completam o ciclo de sua formação como norma judicial, verdadeira expectativa normativa para todos aqueles que compõem o mesmo grupo de casos.[143]

Adiante, acrescentou a autora que, em nome do direito à segurança jurídica, que exige certeza e confiança, "não se pode, pois, restringir o princípio da irretroatividade à lei como mero enunciado, devendo compreender a lei como sua inteligência em determinado momento".[144]

Com efeito, o Código de Processo Civil de 2015, em observância ao princípio da segurança jurídica, sobreveio com a finalidade de alterar esse quadro de instabilidade, estabelecendo e consolidando relevantes instrumentos de harmonização e estabilização jurisprudencial, que têm significativo impacto na solução dos conflitos tributários, seja em razão do elevado número de ações judiciais sobre o tema, seja por envolver questões sensíveis relativas à observância dos princípios da igualdade e livre concorrência, que informam especialmente a relação jurídico-tributária.

Todos esses avanços no sistema processual possuem repercussão ainda mais expressiva na seara tributária, devido à possibilidade de que alberguem expressiva quantidade de litígios envolvendo a mesma discussão. Ao ensejarem maior uniformidade da prestação jurisdicional, consubstanciam aprimoramento do sistema normativo tributário e, por esse motivo, contribuem para determinada estabilidade, tanto sob a perspectiva do Direito Financeiro, quer dizer, sob o ponto de vista das finanças do Estado, quanto do contribuinte, que pode, diante de um entendimento consagrado nos tribunais, planejar adequadamente suas ações, principalmente relacionadas à atividade empresarial.

Além disso, a coisa julgada formada em matéria tributária pode determinar, para o contribuinte vencedor de um litígio, uma vantagem em termos concorrenciais, a depender da relação jurídica envolvida na discussão, assim como da natureza do provimento jurisdicional, se anulatória ou declaratória.

[143] Derzi, Misabel Abreu Machado. Modificações da jurisprudência no direito tributário e o princípio da irretroatividade. **Revista dos Tributária das Américas: RTA**, São Paulo, v. 1. n. 2, p. 297, jul./dez., 2010.

[144] Derzi, Op. Cit., 2010.

Esse é um fato, inerente ao processo judicial tributário, que deve ser considerado, porquanto pode comprometer, em especial, os princípios constitucionais da igualdade e da livre concorrência.

Diante desse quadro, a instituição de mecanismos processuais destinados a conferir maior uniformidade aos pronunciamentos judiciais, principalmente das Cortes Superiores, tem reflexos ainda mais agudos no âmbito do Direito Tributário.

De fato, a dimensão de um provimento judicial que declara a inexistência de relação jurídica do contribuinte relativamente a um determinado tributo, que, por sua natureza, seja continuativa, apresenta-se absolutamente diverso daquele que, prolatado na esfera cível, assegure, por exemplo, uma indenização por danos morais ou materiais em desfavor do Estado.

Em outras palavras, no Direito Tributário, deve ser considerada a dimensão plural dos pronunciamentos judiciais, sem que isso determine, por outro lado, qualquer ofensa ao princípio constitucional da inafastabilidade da jurisdição.

Nesse contexto, os instrumentos de natureza processual, tanto de âmbito constitucional quanto legal, que buscam harmonização na prestação jurisdicional apresentam-se de relevância ímpar, por ensejarem, na relação jurídico-tributária, especiais repercussões em termos de segurança jurídica.

3.3 A segurança jurídica na Lei de Introdução às Normas do Direito Brasileiro – LINDB

Mais recentemente, importante alteração normativa sobreveio com a entrada em vigor da Lei 13.655, de 25 de abril de 2018, que alterou a Lei de Introdução às Normas do Direito Brasileiro – LINDB, com a finalidade de estabelecer normas de segurança jurídica na aplicação do direito público.

Floriano Azevedo Marques Neto e Egon Bockmann Moreira, na publicação do Senado Federal denominada Segurança Jurídica e Qualidade das Decisões Públicas, a qual, ainda enquanto Projeto de Lei 349/2015, foi objeto de estudos por importantes doutrinadores, salientam a importância de se inserir na Lei de Introdução às Normas do Direito Brasileiro disposições para aumentar a segurança jurídica e a eficiência na aplicação do direito público, ressaltando que essa alteração legislativa certamente significará um aperfeiçoamento da segurança e da certeza jurídicas. Nas palavras de referidos autores:

> Em suma, os artigos que se pretende incluir na Lei de Introdução a um só tempo permitirão a positivação das melhores práticas do direito público contemporâneo e serão um poderoso instrumento para aperfeiçoar a segurança e certeza jurídicas. Ou seja, trata-se de um passaporte para o Estado de Direito[145].

Dessas novidades, cabe destacar, para o fim que se destina o presente estudo, as preconizadas nos seguintes artigos:

> Art. 23. A decisão administrativa, controladora ou judicial que estabelecer interpretação ou orientação nova sobre norma de conteúdo indeterminado, impondo novo dever ou novo condicionamento de direito, deverá prever regime de transição quando indispensável para que o novo dever ou condicionamento de direito seja cumprido de modo proporcional, equânime e eficiente e sem prejuízo aos interesses gerais.
> Art. 24. A revisão, nas esferas administrativas, controladora ou judicial, quanto à validade de ato, contrato, ajuste, processo ou norma administrativa cuja produção já se houver completado levará em conta as orientações gerais da época, sendo vedado que, com base em mudança posterior de orientação geral, se declarem inválidas situações plenamente constituídas.
> [...]
> Art. 30. As autoridades públicas devem atuar para aumentar a segurança jurídica na aplicação das normas, inclusive por meio de regulamentos, súmulas administrativas e respostas a consultas.
> Parágrafo único. Os instrumentos previstos no *caput* deste artigo terão caráter vinculante em relação ao órgão ou entidade a que se destinam, até ulterior revisão.

145 MARQUES NETO, Floriano Azevedo; MOREIRA, Egon Bockmann. Uma lei para o estado de direito contemporâneo. *In*: PEREIRA, Flávio Henrique Unes (coord.). **Segurança jurídica e qualidade das decisões públicas**. Estudos sobre o Projeto de Lei nº 349/2015, que inclui, na Lei de Introdução às Normas do Direito Brasileiro, disposições para aumentar a segurança jurídica e a eficiência na aplicação do direito público. Apresentação Antonio Augusto Junho Anastasia. Brasília: 2015, p. 12.

A leitura dos dispositivos reflete a preocupação do legislador em conferir um regime de transição, no tocante à aplicação de nova orientação sobre normas jurídicas, mormente quando se estabelecer novo dever ou novo condicionamento de direito, assim como em resguardar a manutenção das situações prévia e plenamente constituídas, nas hipóteses em que se verificar a revisão da validade de orientações que se encontravam vigentes.

De fato, a falta de uniformidade de entendimentos é algo que compromete a segurança jurídica por ensejar desigualdade jurisdicional, conforme lecionam Octavio Campos Fischer e Adriana da Costa Ricardo Schier:

> Muitas vezes, o que mais descontenta os jurisdicionados não é uma decisão contrária a seus interesses, mas perceber que outros jurisdicionados, em idêntica situação, receberam decisão judicial diferente e mais favorável a seus interesses. Há, também, aquelas situações em que os jurisdicionados passam anos seguindo e observando determinada orientação jurisprudencial pacificada – e algumas delas consolidadas em súmula – e, inesperadamente, são tomados de surpresa por uma mudança radical de entendimento judicial. Está-se, portanto, em um espaço em que justiça – especialmente, no sentido de igualdade jurisdicional – e segurança não são valores conflitantes, mas, antes, complementares.[146]

O art. 23 da LINDB preceitua que a decisão judicial que alterar interpretação de lei, impondo novo dever ou novo condicionamento de direito, deverá estabelecer regime de transição quanto à sua aplicação. Conforme bem alerta Marcus Vinícius Furtado Coêlho[147], a norma resguarda, de um lado, "a possibilidade de alteração do entendimento jurisprudencial, sem descuidar, de outro, da segurança jurídica, da estabilidade das situações já consolidadas e da proteção ao princípio da confiança".

Essa regra da LINDB deve ser interpretada, se for o caso, em conjugação com a do art. 27 da Lei 9.868/1999[148], se houver declaração de

[146] Fischer, 2018, p. 119.

[147] Coêlho, Marcus Vinicius Furtado. **Segurança jurídica e retroatividade jurisprudencial no STF.** Disponível em: https://www.conjur.com.br/2018-dez-17/constituicao-seguranca-juridica-retroatividade-jurisprudencial-stf. Acesso em: 12 set. 2019.

[148] Art. 27 da Lei 9.968/1999: "Ao declarar a inconstitucionalidade de lei ou ato normativo, e tendo em vista razões de segurança jurídica ou de excepcional interesse social, poderá o

inconstitucionalidade de lei ou ato normativo, além da estabelecida no art. 927, § 3º, do CPC/2015, que cuida da modulação dos efeitos em outras hipóteses.

Em se tratando de tema de natureza tributária, não há como deixar de se ponderar a respeito dos impactos econômicos e financeiros provenientes de mudança de entendimento jurisprudencial, a demandar cautela na modulação dos efeitos do posicionamento que vier a prevalecer.

A inexistência de modulação pode ensejar, de um lado, o comprometimento das contas públicas, principalmente de entes municipais menos favorecidos financeiramente, e, de outro lado, se a decisão for desfavorável aos contribuintes, pode determinar a extinção de sociedades empresárias, caso tenham que recolher vultosas quantias aos cofres públicos, especialmente por força de reversão de provimentos jurisdicionais sedimentados em sentido diverso.

De outra parte, como exposto, o CTN contempla regras de decadência e prescrição, as quais devem ser observadas inclusive no âmbito da modulação de efeitos, com a finalidade de que se alcance a melhor solução para caso objeto de mutação jurisprudencial, em observância ao princípio da segurança jurídica.

Ademais, em se tratando de orientação jurisprudencial firmada há longo tempo, é certo que deve ser considerado o princípio da segurança jurídica, que advém da indiscutível necessidade de se conferir estabilidade à ordem jurídica, de modo a mantê-la íntegra, previsível, consistente e duradoura.

Em virtude da lógica inerente ao Estado Democrático de Direito, os contribuintes necessitam exercer suas profissões, e suas atividades empresariais com observância das normas jurídicas, as quais necessitam ser claras e precisas e, quando submetidas por eventual incompreensão do seu conteúdo ao Poder Judiciário, devem receber uma resposta célere, definitiva e segura.

É certo que não se pode censurar a conduta dos órgãos jurisdicionais, principalmente no âmbito dos Tribunais Superiores, no sentido de evoluir na interpretação que conferem às normas jurídicas. Todavia,

Supremo Tribunal Federal, por maioria de dois terços de seus membros, restringir os efeitos daquela declaração ou decidir que ela só tenha eficácia a partir de seu trânsito em julgado ou de outro momento que venha a ser fixado."

apresenta-se salutar que a inovadora decisão seja, por sua vez, fruto de amadurecimento capaz de formar sólida compreensão do sentido e do alcance do ato normativo em exame.

Com efeito, caso prevaleça, no âmbito dos Tribunais Superiores, nova tese a respeito de certo tema, deve se ter em conta também o cuidado com a segurança jurídica, que se revelou explícito na carga axiológica atribuída ao art. 30 da LINDB, com a redação dada pela Lei 13.655/2018, segundo o qual a atuação das autoridades públicas, inclusive judiciais, deve ter por finalidade "aumentar a segurança jurídica na aplicação das normas".

A positivação do princípio da segurança jurídica contribui para, no mínimo, ensejar maior ponderação na pessoa investida de poderes para aplicar a norma, no sentido de procurar estabelecer maior estabilidade às relações jurídicas. Evita-se, assim, o abrupto, e muitas vezes efêmero e desnecessário, rompimento com as orientações anteriores, com o objetivo evidente de impedir ou minimizar injustos prejuízos.

Nesse contexto, especialmente no âmbito tributário, no qual se reveste a matéria sob exame, os aperfeiçoamentos normativos em tela conferem um sentimento de previsibilidade e de estabilidade quanto aos efeitos da regulação de conduta e tranquiliza os contribuintes, de modo que abrem espaço para o planejamento, especialmente para que as sociedades empresárias projetem, com a devida confiança, ações futuras, porque cientes e seguras do modo pelo qual a aplicação das normas jurídicas se realiza.

Os efeitos da alteração na LINDB no processo administrativo contencioso, que não se caracteriza como processo de revisão, nos termos do CTN, ainda está em discussão, e necessita de maior aprofundamento, especialmente em função de termos como "norma de conteúdo indeterminado" que constam da LINDB alterada, e cuja aplicação na esfera administrativa, por conta do princípio da legalidade, exige elaboração cuidadosa, sob pena de ter o efeito inverso, isto é, ao invés de segurança jurídica, tem-se mais insegurança, especialmente no viés da certeza do direito (que importa a ambas as partes da relação jurídico-tributária).

Como se trata de lei destinada a regulamentar outras normas, a LINDB assume, em nosso ordenamento jurídico, igualmente, papel estruturante, de modo que se revelou absolutamente salutar a introdução, em seu corpo normativo, de preceitos destinados a conferir maior estabilidade e efetividade às relações jurídicas.

3.4 A atuação da advocacia pública e a segurança jurídica

O aumento significativo de casos submetidos ao Poder Judiciário, em que figuram no polo passivo a União, os Estados, Distrito Federal e Municípios, tem conduzido alguns entes federativos a buscar soluções no sentido de diminuir a litigância, cientes de que se apresenta, em muitos casos, infrutífero persistir na discussão de temas pacificados.

Esse entendimento representa uma nova visão, em especial, do princípio da indisponibilidade do interesse público, que fundamentava condutas históricas dos advogados públicos, no sentido de recorrer infinitamente de decisões judiciais, ainda que pautadas em entendimentos consagrados pelos Tribunais Superiores, e que contribuíam sobremaneira para a morosidade dos julgamentos e, por conseguinte, causavam grande insegurança jurídica.

Da doutrina clássica do Direito Administrativo, colhe-se a lição de José dos Santos Carvalho Filho sobre o princípio da indisponibilidade do interesse público:

> Os bens e interesses públicos não pertencem à Administração nem a seus agentes. Cabe-lhes apenas geri-los, conservá-los e por eles velar em prol da coletividade, esta sim a verdadeira titular dos direitos e interesses públicos.
> O princípio da indisponibilidade enfatiza tal situação. A Administração não tem a livre disposição dos bens e interesses públicos, porque atua em nome de terceiros.[149]

Cabe ressaltar que o advogado público tem a missão constitucional de defender os interesses da pessoa jurídica de direito público, devendo representá-la com o máximo de eficiência, o que não mais significa sustentar entendimentos contrários ou incompatíveis com a jurisprudência pacificada, principalmente no campo do Direito Tributário, em que se vislumbra, em muitos casos, uma repercussão na esfera jurídica e econômica de diversos contribuintes.

Nesse contexto, a atuação advocacia do Estado tem sido redimensionada, de modo a compreender que o respeito ao ordenamento jurídico

[149] Carvalho Filho, José dos Santos. **Manual de direito administrativo**. 20. ed. Rio de Janeiro: Lumen Juris, 2008. p. 29.

perpassa pela absorção dos posicionamentos dos órgãos de cúpula do Poder Judiciário.

Com efeito, no âmbito federal e dos litígios em matéria tributária, a título de exemplo, verificamos significativos avanços.

De início, foi editada a Medida Provisória 1.110/1995, chamada de MP do CADIN, a qual trouxe no seu art. 17[150] alguns casos de dispensa de constituição de créditos pela Fazenda Nacional, de inscrição de dívida ativa e de ajuizamento de execuções fiscais, tendo por base litígios nos quais já havia se firmado jurisprudência pelo Supremo Tribunal Federal.

A segunda reedição da medida provisória acima citada, a MP 1.175/1995, passou a prever, em seu art. 18[151], que a Procuradoria Geral da Fazenda Nacional (PGFN) estaria autorizada a desistir dos recursos judiciais nos temas elencados no já mencionado art. 17.

A seguir, em 1997, a MP1.542-27 introduziu o inciso II ao art. 19[152] para permitir ao Procurador-Geral da Fazenda Nacional editar ato

[150] Art. 17 da MP 1.110/1995: "Ficam dispensados a constituição de créditos da Fazenda Nacional, a inscrição como Dívida Ativa da União, o ajuizamento da respectiva execução fiscal, bem assim cancelados o lançamento e a inscrição, relativamente: I – à contribuição de que trata a Lei nº 7.689, de 15 de dezembro de 1988, incidente sobre o resultado apurado no período-base encerrado em 31 de dezembro de 1988; II – ao empréstimo compulsório instituído pelo Decreto-lei nº 2.288, de 23 de julho de 1986, sobre a aquisição de veículos automotores e de combustível; III – à contribuição ao Fundo de Investimento Social – FINSOCIAL, exigida das empresas comerciais e mistas, com fulcro no artigo 9º da Lei nº 7.689, de 1988, na alíquota superior a 0,5% (meio por cento), conforme Leis nºs 7.787, de 30 de junho de 1989, 7.894, de 24 de novembro de 1989, e 8.147, de 28 de dezembro de 1990; IV – ao imposto provisório sobre a movimentação ou a transmissão de valores e de créditos e direitos de natureza financeira – IPMF, instituído pela Lei Complementar nº 77, de 13 de julho de 1993, relativo ao ano-base 1993 e às imunidades previstas no art. 150, inciso VI, alíneas a, b, c e d da Constituição; V – à taxa de licenciamento de importação, exigida nos termos do art. 10 da Lei nº 2.145, de 29 de dezembro de 1953, com a redação da Lei nº 7.690, de 15 de dezembro de 1988; VI – à sobretarifa ao Fundo Nacional de Telecomunicações; VII – ao adicional de tarifa portuária, salvo em se tratando de operações de importação e exportação de mercadorias quando objeto de comércio de navegação de longo curso".

[151] Art. 18 da MP 1.175/1995: "Fica a Procuradoria-Geral da Fazenda Nacional autorizada a desistir dos recursos judiciais cabíveis, quando a decisão versar, exclusivamente, sobre as matérias constantes dos incisos I a VIII do artigo anterior, desde que inexista outro fundamento relevante".

[152] Art. 19 da MP 1542-27/1997: "Fica a Procuradoria-Geral da Fazenda Nacional autorizada a não interpor recurso ou a desistir do que tenha sido interposto, desde que inexista outro fundamento relevante, na hipótese de a decisão versar sobre: I – matérias de que trata o artigo anterior; II – matérias que, em virtude de jurisprudência pacífica do Supremo Tribunal

declaratório para a dispensa de recurso com base nas matérias já pacificadas pela Suprema Corte e pelo Superior Tribunal de Justiça.

Nesse interregno e observando essa linha de entendimento, sobreveio o Decreto 2.346/1997, ainda em vigor, que consolida normas de procedimentos a serem observadas pela Administração Pública Federal em razão de decisões judiciais. Em seu art. 1º[153], disciplina que as decisões do Supremo Tribunal Federal que fixem, em caráter definitivo, interpretação do texto constitucional, deverão ser uniformemente observadas pela Administração Pública Federal.

Por sua vez, o art. 5º[154] autoriza, na esfera administrativa, ao Procurador-Geral da Fazenda Nacional, a partir de jurisprudência pacificada tanto do Supremo Tribunal Federal e quanto do Superior Tribunal de Justiça, a declarar, por parecer fundamentado, as matérias em relação as quais é dispensada a interposição de recursos. Esse ato normativo representou um passo significativo no reconhecimento da atividade jurisdicional de cúpula como fator determinante para a adoção de novas práticas no âmbito da Administração.

A Lei 10.522/2002, de início, a teor do seu art. 19, II, autorizou a Procuradoria-Geral da Fazenda Nacional a não interpor recurso ou a desistir do que tenha sido interposto, em virtude de decisão do Supremo Tribunal Federal ou do Superior Tribunal de Justiça.[155]

Federal, ou do Superior Tribunal de Justiça, sejam objeto de ato declaratório do Procurador-Geral da Fazenda Nacional, aprovado pelo Ministro de Estado da Fazenda".

153 Art. 1º do Decreto 2.346/1997: "As decisões do Supremo Tribunal Federal que fixem, de forma inequívoca e definitiva, interpretação do texto constitucional, deverão ser uniformemente observadas pela Administração Pública Federal direta e indireta, obedecidos aos procedimentos estabelecidos neste Decreto".

154 Art. 5º do Decreto 2.346/1997: "Nas causas em que a representação da União competir à Procuradoria-Geral da Fazenda Nacional, havendo manifestação jurisprudencial reiterada e uniforme e decisões definitivas do Supremo Tribunal Federal ou do Superior Tribunal de Justiça, em suas respectivas áreas de competência, fica o Procurador-Geral da Fazenda Nacional autorizado a declarar, mediante parecer fundamentado, aprovado pelo Ministro de Estado da Fazenda, as matérias em relação às quais é de ser dispensada a apresentação de recursos".

155 Art. 19, *caput* e II, da Lei 10.522/2002 (redação original): "Fica a Procuradoria-Geral da Fazenda Nacional autoriza a não interpor recursou a desistir do que tenha sido interposto, desde que inexiste outro fundamento relevante, na hipótese de a decisão versa sobre: II – matérias que, em virtude de jurisprudência pacífica do Supremo Tribunal Federal ou do Su-

O dispositivo legal em tela[156], com a alteração proporcionada pela Lei 12.844/2013, passou a autorizar a Procuradoria-Geral da Fazenda Nacional (PGFN) a não contestar, a não interpor recurso ou a desistir do que tenha sido interposto, na hipótese em que a decisão versar sobre matérias que, em virtude de jurisprudência pacífica dos Tribunais Superiores, incluindo o Tribunal Superior do Trabalho e o Tribunal Superior Eleitoral, sejam objeto de ato declaratório do Procurador-Geral da Fazenda Nacional, aprovado pelo Ministro da Fazenda.

Atualmente, com a redação conferida ao mencionado dispositivo pela Lei 13.874/2019[157], essa autorização de desistência deve referir-se a tema que seja objeto de parecer, vigente e aprovado, pelo Procurador-Geral da Fazenda Nacional, que conclua no mesmo sentido do contribuinte litigante. Quer dizer, não se demanda mais jurisprudência pacífica dos Tribunais Superiores, embora essa seja implícita, tampouco submissão do parecer ao Ministro de Estado da Economia, o que diminui de forma significativa a burocracia.

A finalidade da alteração legal foi albergar matérias que se encontravam sob a jurisprudência do microssistema dos Juizados Especiais Federais, nem sempre objeto de pronunciamento dos Tribunais Superiores.[158] Em outras palavras, a lei passou a conferir maior amplitude às desistências da Fazenda Nacional.

perior Tribunal de Justiça, sejam objeto de ato declaratório do Procurador-Geral da Fazenda Nacional, aprovado pelo Ministro de Estado da Fazenda".

156 Art. 19, *caput* e II, da Lei 10.522/2002 (com a redação da Lei 12.844/2013): "Fica a Procuradoria-Geral da Fazenda Nacional autorizada a não contestar, a não interpor recurso ou a desistir do que tenha sido interposto, desde que inexista outro fundamento relevante, na hipótese de a decisão versar sobre: II – matérias que, em virtude de jurisprudência pacífica do Supremo Tribunal Federal, do Superior Tribunal de Justiça, do Tribunal Superior do Trabalho e do Tribunal Superior Eleitoral, sejam objeto de ato declaratório do Procurador-Geral da Fazenda Nacional, aprovado pelo Ministro de Estado da Fazenda".

157 Art. 19, *caput* e inciso II, da Lei 10.522/2002 (com a redação da Lei 13.874/2019): "Fica a Procuradoria-Geral da Fazenda Nacional dispensada de contestar, de oferecer contrarrazões e interpor recursos, a fica autorizada a desistir de recursos já interpostos, desde que inexista outro fundamento relevante, na hipótese em que a ação ou a decisão judicial ou administrativa versa sobre: II – tema objeto de parecer, vigente e aprovado, pelo Procurador-Geral da Fazenda Nacional, que conclua no mesmo sentido do pleito do particular".

158 Exposição de motivos da MP 881/2019, convertida na Lei 13.874/2019. Disponível em: http://www.planalto.gov.br/ccivil_03/_ato2019-2022/2019/Exm/Exm-MP-881-19.pdf.

Essa nova orientação resta evidente nos casos em que o parecer do órgão máximo do ente tributante federal advém para, em ótima medida, conformar a conduta dos advogados públicos aos pronunciamentos da Suprema Corte, ainda que não seja em sede de repercussão geral.

Um exemplo recente de inclusão de tema na lista de dispensa de contestação e recursos da Fazenda Nacional é o caso da Taxa Siscomex. Hipótese que ocorreu, inclusive, após alguns pronunciamentos da Suprema Corte, fora do regime da repercussão geral, no sentido de que o art. 3º, § 2º, da Lei 9.716/1998 violou a legalidade tributária, ao deixar de estabelecer teto e permitir que ato normativo infralegal reajustasse o valor da taxa de acordo com a variação dos custos de operação e dos investimentos no SISCOMEX (Nota SEI nº 73/2018/CRJ/PGACET/PGFN-MF[159]).

Mencionados diplomas legais aperfeiçoam o exercício da advocacia pública, por respaldar sua atuação processual com adequado respeito, em especial, aos pronunciamentos definitivos dos órgãos de cúpula do Poder Judiciário, ao tempo em que contribuem para o princípio da celeridade processual e, sobremodo, para realização do Estado Democrático de Direito, por ser preceito legal dirigido à observância, em última análise, da ordem jurídica.

Essa evolução normativa, que atravessou textos de medidas provisórias, incorporou na atividade da Administração Tributária Federal a cultura da observância da jurisprudência como elemento integrador e conformador da exegese normativa. Em outras palavras, isso significa que o ente tributante começa a reconhecer que a interpretação das normas tributárias passa necessariamente pela definição que o Poder Judiciário lhe confere.[160]

O aperfeiçoamento do desempenho da advocacia de Estado, pela absorção de posicionamento jurisprudencial consagrado pelos Tribunais

[159] BRASIL. Ministério da Fazenda. **Nota SEI nº 73/2018/CRJ/PGACET/PGFN-MF.** Disponível em: https://www.pgfn.gov.br/assuntos/legislacao-e-normas/documentos-portaria-502/nota-sei-73-2018.pdf. Acesso em: 19 nov. 2019.

[160] MOTTA, Artur Alves da. Atuação da Procuradoria-Geral da Fazenda Nacional e da Receita Federal do Brasil diante da jurisprudência pacífica das cortes superiores: perspectivas atuais diante da Lei nº 12.844/2013. **Revista Brasileira de Direito Tributário e Finanças Públicas**, Porto Alegre, v. 9, n. 54, p. 35, jan./fev. 2016.

Superiores, resulta no respeito ao ordenamento jurídico e, por conseguinte, à sociedade.

Na verdade, constata-se importante amadurecimento do papel da própria Administração Pública em torno de sua função de proporcionar aos cidadãos, verdadeiros destinatários da atividade estatal, certo nível de certeza acerca de determinadas controvérsias jurídicas, já solucionadas em caráter definitivo, conferindo maior segurança jurídica ao próprio ordenamento jurídico.

Nesse contexto, atos normativos e as boas práticas adotadas por autoridades administrativas, tendentes a prestigiar a segurança jurídica, deveriam ser positivadas em nosso ordenamento em todas as esferas, de modo a conferir-lhes maior amplitude. De fato, impõe-se o permanente trabalho de aprimoramento da advocacia pública, porquanto sua atuação destina-se, igualmente, ao controle dos valores e dos princípios consagrados na Constituição Federal.

CAPÍTULO 4
A QUESTÃO CONSTITUCIONAL

No capítulo anterior, cuidou-se das significativas alterações de natureza processual destinadas a prestigiar a segurança jurídica em matéria tributária. Essas modificações visam mitigar, em especial, os indesejáveis reflexos da oscilante jurisprudência, principalmente a proveniente dos Tribunais Superiores.

Além disso, no âmbito da advocacia pública, observou-se a superveniência de leis ordinárias federais, destinadas a autorizar a Fazenda Nacional a desistir de recursos em desconformidade com jurisprudência pacífica.

De fato, a legalidade tributária busca assegurar a certeza do direito, que constitui um dos conteúdos da segurança jurídica, conforme ressaltado no Capítulo 1. Com efeito, a norma impositiva incompleta, na lição de Leandro Paulsen[161], não assegura ao contribuinte a certeza quanto ao surgimento ou ao conteúdo da sua suposta obrigação tributária, sendo, inclusive, incapaz de ser suplementada por regulamento em face da reserva absoluta de lei.

De outro lado, não podemos deixar de lembrar a dificuldade de se promover a reforma tributária em um sistema que contém uma anacrônica separação de mercadoria e serviços em campos tributários

[161] PAULSEN, 2006, p. 99.

distintos, a dificultar, ainda mais, a harmonização das regras aplicadas no âmbito da tributação sobre o consumo.

Nesse contexto, a lei deve, necessariamente, no mínimo, conter referências suficientes, inclusive em adequada densidade, para que se possa determinar, com precisão, o surgimento e o conteúdo da obrigação tributária, em seus aspectos material, espacial, temporal, pessoal e quantitativo.

No presente capítulo, ao reafirmar o caráter constitucional da segurança jurídica, independentemente da questão relativa à necessária reforma tributária, cujas discussões, no âmbito do Congresso Nacional, parecem ter, finalmente, se reiniciado, pretende-se abordar alguns pontos que poderiam minimizar os efeitos da complexidade normativa, tratada no Capítulo 2.

É certo que não se pretende discorrer, com elevado grau de detalhamento, a respeito de quais alterações seriam necessárias, mas apenas estabelecer alguns parâmetros, em linhas gerais, que, em tese, poderiam contribuir para um sistema tributário mais compreensível e uniforme, segundo o princípio da segurança jurídica.

4.1 O caráter constitucional da segurança jurídica

A segurança jurídica, ao lado de outros princípios constitucionais, exsurge como um instrumento relevantíssimo, por nortear a conduta estatal na busca de estabilidade e da proteção da confiança. Deve ser empregada como fundamento de direito para o estabelecimento de padrões comportamentais e a irradiação de elementos capazes de conferir tranquilidade às relações jurídicas.

Isso porque a segurança jurídica pode ter como objeto não a norma propriamente dita, mas principalmente a sua aplicação uniforme e não arbitrária. Essa distinção apresenta-se operativa, porquanto uma norma pode ser considerada segura, enquanto acessível e inteligível, porém pode ser aplicada de modo arbitrário, sem critérios objetivos e uniformes e sem uma adequada justificação e fundamentação.[162]

De outro lado, não se pode olvidar a lição de Antônio de Moura Borges e José Antônio Lira Bezerra[163], segundo a qual, em face da estrutura

162 ÁVILA, Humberto. **Segurança jurídica: entre permanência, mudança e realização no direito tributário.** 2. ed. São Paulo: Malheiros Editores, 2012. p. 148.

163 BORGES, Antônio de Moura; BEZERRA, José Antônio Lira. O princípio da legalidade e a segurança jurídica tributária. *In*: VALADÃO, Marcos Aurélio Pereira; MEIRA, Liziane Ange-

dos estados modernos, fundados em ventre constitucional, é forçoso lembrar a natureza paradigmática da Constituição Brasileira. Em outras palavras, a certeza de que a base jurídica de sustentação e sinalização da sociedade politicamente organizada no território pátrio tem como fundamento a norma constitucional.

Jaime Rodríguez-Arana Muñoz alerta que "la seguridad jurídica y la certeza de las normas son dos parámetros básicos del Estado de Derecho. Es más, el grado e la intensidad del Estado de Derecho mucho tiene que ver con el grado y la intensidad con que la seguridad y la certeza jurídica resplandezcan en el panorama normativo."[164] Em tradução livre, o autor afirma que a segurança jurídica e a certeza das normas são dois parâmetros básicos do Estado de Direito. E mais, o grau e a intensidade do Estado de Direito tem muito a ver com o grau e a intensidade com que a segurança e a certeza jurídica refletem o panorama normativo.

De fato, quanto maior o grau de segurança jurídica verificável em determinado ordenamento, maior será seu grau de intensidade do Estado de Direito, apontando para a existência de um sistema normativo provido de confiança e de proteção das justas expectativas dos cidadãos.

A tributação induz comportamentos. "O contribuinte tem o estímulo, por parte do legislador tributário, para deixar de adotar um comportamento (ou desestímulo para adotar outro)".[165] Se o ambiente tributário é desfavorável, por ser inseguro juridicamente, não se verifica, em consequência, impulso para investimentos, o que compromete o desenvolvimento econômico.

Nesse ponto, alerta Renato Becho que "os preceitos constitucionais na esfera tributária destinam-se não apenas a atingir finalidades, mas servem, também, de instrumentos para a indução do comportamento dos contribuintes em outras áreas, funcionando como base da confiança dos cidadãos."[166]

lotti; BORGES, Antônio de Moura. **Direito tributário constitucional**. São Paulo: Almedina, 2015. p. 67.

164 MUÑOZ, Jaime Rodríguez-Arana. Los principios de seguridad jurídica, buena fe y confianza legítima. *In*: VALIM, Rafael et ali. (Orgs.). **Tratado sobre o princípio da segurança jurídica no direito administrativo**. São Paulo: Editora Fórum, 2013. p. 145.

165 SCHOUERI, Luís Eduardo. **Direito Tributário**. 3. ed. São Paulo: Saraiva, 2013. p. 37.

166 BECHO; BASSO, v. 15, n. 88, p. 157, jul. 2019.

A conduta dos contribuintes a partir do prévio conhecimento das leis, por força da certeza do direito, principalmente em matéria tributária, em relação as quais se pode sofrer ação direta dos poderes públicos, foi bem lembrada por Geraldo Ataliba:

> Certeza, confiança, lealdade, autorização, consentimento, segurança, previsibilidade, representatividade – república, enfim –, dão consciência e dimensão densas ao chamado princípio da certeza do direito. De fato, lei prévia é a conhecida pelo cidadão antes que tome suas decisões, antes que determine seu comportamento em assuntos que possam sofrer direta ou indireta influência da ação dos poderes públicos.[167]

O caráter estrutural da segurança jurídica, que deve ocupar posição de destaque na hierarquia normativa, é inegável, porquanto há uma série de princípios que lhe conferem suporte, no âmbito do sistema tributário nacional.

Ademais, o princípio em tela exige estrita delimitação das esferas jurídicas e dos campos de atuação dos entes federativos e dos diversos órgãos envolvidos na atividade fiscal. Sem o prévio conhecimento dos seus limites, os agentes estatais podem atuar livremente, causando tumulto ao sistema tributário. Mais uma vez, demonstra-se a importância do disciplinamento do tema relativo à segurança jurídica em nível constitucional. Misabel Abreu Machado Derzi[168] leciona que a segurança jurídica, com destaque no seu conteúdo relativo à proteção da confiança, é amplamente reforçada no Direito Tributário. De início, assenta-se na legalidade formal e material, consagradas nos arts. 5º, II[169], e 150, *caput*, I[170], da Constituição Federal, refletida no âmbito do Código Tributário

[167] Ataliba, Geraldo. **República e constituição.** 3. ed. São Paulo: Malheiros, 2011. p. 183.

[168] Derzi, Misabel de Abreu Machado. Segurança jurídica como fator de concorrência tributária. *In*: Velloso, Carlos Mário da Silva; Rosas, Roberto; Amaral, Antônio Carlos Rodrigues do (org.). **Princípios constitucionais fundamentais: estudos em homenagem ao professor Ives Gandra da Silva Martins.** São Paulo; Lex, 2005. p. 805.

[169] Art. 5º, II, da Constituição Federal: "Ninguém será obrigador a fazer ou deixar de fazer alguma coisa senão em virtude lei".

[170] Art. 150, I, da Constituição Federal: "Sem prejuízo de outras garantias asseguradas ao contribuinte, é vedado à União, aos Estados, ao Distrito Federal e aos Municípios: I – exigir ou aumentar tributo sem lei que o estabeleça".

Nacional, no disposto no art. 97[171], segundo o qual somente lei poderá instituir e majorar tributos, assim como definir o fato gerador da obrigação tributária principal, fixar alíquotas, cominar penalidades e disciplinar hipóteses de exclusão, suspensão e extinção de crédito tributário. Ainda no âmbito do CTN, pelos seus arts. 3º[172] e 142[173], que asseguram o caráter estritamente vinculado dos atos administrativos relativos à cobrança de tributos. Segue na importante ressalva contida no art. 150, § 6º[174], segunda a qual somente por lei específica será concedido subsídio, isenção ou outro benefício fiscal. Finalmente, completa-se a proteção da confiança com a vedação do confisco e a observância da capacidade econômica, arts. 150, IV[175] e 145, § 1º,[176] da Constituição Federal.

[171] Art. 97 do CTN: "Somente a lei pode estabelecer: I – a instituição de tributos, ou sua extinção; II – a majoração de tributos, ou sua redução, ressalvado o disposto nos arts. 21, 26, 39, 57 e 65; III – a definição do fato gerador da obrigação tributária principal, ressalvado o disposto no inciso I do § 3º do art. 52 e do seu sujeito passivo; IV – a fixação da alíquota do tributo e da sua base de cálculo, ressalvado o disposto nos arts. 21, 26, 39, 57 e 65; V – a cominação de penalidades para as ações ou omissões contrárias a seus dispositivos, ou para outras infrações nela definidas; VI – as hipóteses de exclusão, suspensão e extinção de créditos tributários ou de dispensa ou redução de penalidades".

[172] Art. 3º do CTN: "Tributo é toda prestação pecuniária compulsória, em moeda ou cujo valor nela se possa exprimir, que não constitua sanção de ato ilícito, instituída em lei e cobrada mediante atividade administrativa plenamente vinculada".

[173] Art. 142 do CTN: "Compete privativamente à autoridade administrativa constituir o crédito tributário pelo lançamento, assim entendido o procedimento administrativo tendente a verificar a ocorrência do fato gerador da obrigação correspondente, determinar a matéria tributável, calcular o montante do tributo devido, identificar o sujeito passivo e, sendo caso, propor a aplicação da penalidade cabível".

[174] Art. 150, § 6º, da Constituição Federal: "Qualquer subsídio ou isenção, redução de base de cálculo, concessão de crédito presumido, anistia ou remissão, relativos a impostos, taxas ou contribuições, só poderá ser concedido mediante lei específica, federal, estadual ou municipal, que regule exclusivamente as matérias acima enumeradas ou o correspondente tributo ou contribuição, sem prejuízo do disposto no art. 155, § 2º, XII, g".

[175] Art. 150, IV, da Constituição Federal: "Sem prejuízo de outras garantias asseguradas ao contribuinte, é vedado à União aos Estados, ao Distrito Federal e aos Municípios: IV – utilizar tributo com efeito de confisco".

[176] Art. 145, § 1º, da Constituição Federal: "Sempre que possível, os impostos terão caráter pessoal e serão graduados segundo a capacidade econômica do contribuinte, facultado à administração tributária, especialmente para conferir efetividade a esses objetivos, identificar, respeitados os direitos individuais e nos termos da lei, o patrimônio, os rendimentos e as atividades econômicas do contribuinte".

Não obstante, cabe ressaltar, a Constituição brasileira não contempla, expressamente, a segurança jurídica como princípio de Direito Tributário. A propósito dessa circunstância, Leandro Paulsen ensina que, mesmo não "sendo estabelecido de modo expresso, mas, de qualquer modo, revelando-se no texto constitucional, o princípio da segurança jurídica se apresenta como princípio constitucional implícito na CRFB".[177]

É evidente que essa circunstância não impede a adoção da segurança jurídica como fundamento de direito, para ser mais específico, como princípio. Todavia, seria salutar, principalmente em decorrência da opção do Estado brasileiro pelo sistema *civil law*, que modificação no texto constitucional introduzisse, de modo expresso, a segurança jurídica como elemento norteador de regras tributárias, a serem disciplinadas em lei complementar.

O princípio da segurança jurídica terá efetividade quando consagrar os princípios da proporcionalidade e da razoabilidade, para o fim de alcançar racionalidade, clareza, certeza e previsibilidade do direito vigente, agregado com o valor justiça, em prol da equidade na aplicabilidade do direito. De fato, a busca da segurança jurídica tem como finalidade, em última análise, a melhor aplicação do direito.

Cleucio Santos Nunes[178] leciona que a principal virtude de um sistema tributário iniciado na Constituição Federal é assegurar a unidade necessária que permita o escalonamento das normas tributárias em níveis hierárquicos, de modo a dar segurança jurídica à exigência tributária.

O ordenamento jurídico deve ser estruturado segundo rigorosa observância do conjunto de princípios e valores preconizados pelo constituinte, além de valer-se da segurança jurídica como ferramenta indispensável ao adequado funcionamento da atividade tributária, de modo que contribuinte e autoridades administrativas tenham plena ciência de seus direitos e obrigações, estabelecendo, assim, um ambiente harmonioso e de respeito às leis.

Apresenta-se absolutamente relevante, de fato, que se tenha condições de determinar, com precisão e suporte na lei, independentemente de complementação inovadora de caráter normativo pelas autoridades tributárias, quais as situações que implicam o surgimento da obrigação

177 PAULSEN, 2006, p. 30.

178 NUNES, 2019, p. 34.

tributária, quando e em que momento ela se dá, quais os sujeitos da relação tributária e como calcular o montante devido.[179]

De fato, a falta de conhecimento prévio dos atos governamentais por parte dos cidadãos contribui "para o aumento da insegurança jurídica, em razão da ausência de estabelecimento de critérios objetivos que proporcionam um controle mais rigoroso das atividades desenvolvidas pelo Poder Público".[180]

No âmbito da comunidade europeia, tem sido constante a preocupação de doutrinadores quanto a aspectos relativos à segurança jurídica, asseverando a atual existência de um sistema normativo aberto, passível de observância de diversas fontes, motivo pelo qual devem ser adotadas técnicas para preservar sua unidade, conforme doutrina de Fernando Sainz Moreno, ao tratar de aspectos relativos ao ordenamento jurídico espanhol:

> Las características actuales del ordenamiento jurídico español, ordenamiento abierto a múltiples fuentes (tanto del interior como consecuencia de la autonomía normativa ampliamente reconocida, como del exterior, como consecuencia de la incorporación a la Comunidad Europea y al orden internacional) y ordenamiento extraordinariamente móvil (por la incesante formulación y reformulación de principios y normas) obligan a cuidar cada vez más las técnicas que permiten mantener su unidad, y su continuidad en el tiempo. De ahí la importancia creciente de la técnica normativa y su concreción en directrices para la elaboración de las normas cuyo sentido no es otros que el de realizar el principio de la seguridad jurídica.[181]

Ao traduzir livremente o texto, o autor leciona que as características atuais do ordenamento jurídico espanhol, aberto a múltiplas fontes (tanto interno como consequência da autonomia normativa amplamente reconhecida, quanto externo, em decorrência da incorporação à Comunidade Europeia e à ordem internacional) e o ordenamento extraordinariamente móvel (pela incessante formulação e reformulação de princípios e normas) obrigam a cuidar cada vez mais das técnicas que

179 Paulsen, 2006, p. 97.

180 Becho; Basso, v. 15, n. 88, Caxias do Sul, p. 154, jul. 2019.

181 Moreno, 2013, p. 120.

permitem manter sua unidade, e sua continuidade no tempo. Daí a importância crescente da técnica normativa e sua concreção em diretrizes para a elaboração das normas cujo sentido não é outro senão realizar o princípio da segurança jurídica.

A dimensão continental do Brasil, suas desigualdades sociais e demais peculiaridades, aliada à autonomia constitucionalmente assegurada aos entes federativos, que determina, igualmente, uma competência legiferante ampla, demanda a adoção de técnicas de natureza legislativa que prestigiem disciplinamento em conformidade com o princípio da segurança jurídica.

Desse modo, a estruturação uniforme e harmônica do sistema tributário nacional constitui inegável tema de segurança jurídica, a revelar, igualmente, seu caráter eminentemente constitucional, que pode e deve ser confirmado pelos princípios e regras nesse sentido, e, em especial, por meio de lei complementar, que estabeleça um disciplinamento mais uniforme e racional dos tributos, principalmente dos incidentes sobre o consumo, conforme será exposto a seguir.

4.2 Federalismo tributário e o papel estrutural da lei complementar

O Capítulo 1, especificamente em seu Item 1.5, cuidou da importância da lei complementar no sistema constitucional tributário, que veicula, em especial, pelos exemplos ali citados, regras estruturais de prescrição e decadência, institutos inerentes à segurança jurídica, além de proibir aplicação retroativa de mudança de critérios jurídicos adotados pela administração tributária e, de outro lado, afastar a possibilidade de aplicação de penalidade e cobrança de juros quando o contribuinte observar normas complementares da legislação tributária.

Neste ponto, faz-se necessário aprofundar a discussão a respeito da importância da lei complementar na veiculação de normas gerais. Quer dizer, para ser mais específico, seu posicionamento no sistema constitucional tributário, discorrendo sobre suas características e implicações, para fins de construção de um ordenamento jurídico harmonioso, principalmente em face do princípio federativo.

De início, cabe ressaltar que, na seara tributária, a lei complementar apresenta-se estrutural, porquanto exerce a competência de coordenar a organização dos entes federados, em uma concepção de Estado federativo cooperativo, conforme leciona Liziane Angelotti Meira, que acrescenta: "As regras de estrutura, em razão de serem destinadas a definir a competência – formal e material – do legislador ordinário, hão de ser respeitadas, sob pena de invalidade das regras ordinárias".[182]

O Congresso Nacional exerce três funções legislativas, que se apresentam bem definidas na Constituição Federal, a saber: a) constituinte derivado, para discutir e votar Emendas Constitucionais; b) legislador ordinário federal, por exercer as competências típicas da União, na condição de pessoa jurídica de direito público interno, plenamente autônoma; c) legislador nacional, ao dispor sobre normas gerais aplicáveis a todos os entes federativos, quais sejam, União, Estados, Distrito Federal e Municípios, nas matérias que o próprio texto constitucional estabelece.[183]

Cabe lembrar que o art. 146, III, da Constituição Federal[184], ao prever a necessidade de edição de lei complementar, atribui, por consequência, ao Congresso Nacional, por maioria absoluta de seus membros, a prerrogativa exclusiva de tratar, entre outras hipóteses, das "normas gerais em matéria de legislação tributária".

Esse diploma normativo, cabe lembrar, situa-se logo abaixo da Constituição Federal na hierarquia normativa, de modo que as leis ordinárias, medidas provisórias e os demais atos normativos infralegais devem submeter-se às suas disposições, sob pena de serem declarados inconstitucionais, tendo em vista a reserva de matéria a ser tratada.[185]

Nesse sentido, colhe-se a doutrina de Heleno Taveira Torres:

> Às normas gerais aplica-se o primado da reserva de lei complementar, e impõe-se a necessária preeminência dessas em relação às demais leis, mesmo que complementares, quando tenham por objeto o exercício de

[182] Meira, Liziane Angelotti. **Tributos sobre o comércio exterior**. São Paulo: Saraiva, 2012. p. 69.

[183] Torres, 2012, p. 487.

[184] Art. 146, III, da Constituição Federal: "Cabe à lei complementar: III – estabelecer normas gerais em matéria de legislação tributária, especialmente sobre: a) definição de tributos e de suas espécies, bem como, em relação aos impostos discriminados nesta Constituição, a dos respectivos fatos geradores, bases de cálculo e contribuintes; b) obrigação, lançamento, crédito, prescrição e decadência tributários; c) adequado tratamento tributário ao ato cooperativo práticos pelas sociedades cooperativas; d) definição de tratamento diferenciado e favorecido para as microempresas e para as empresas de pequeno porte, inclusive regimes especiais ou simplificados no caso do imposto no art. 155, II, das contribuições previstas no art. 195, I e §§ 12 e 13, e da contribuição a que se refere o art. 239".

[185] Moraes, Alexandre de. **Direito constitucional**. 15. ed. São Paulo: Atlas, 2004. p. 570-571.

> competência tributária. Por conseguinte, prevalecerão, sempre, sobre a legislação federal, estadual, distrital ou municipal, na medida em que estas legislações devam observá-las (as leis complementares que veiculam normas gerais) como fundamento de validade material.[186]

Assim, de forma diversa da preconizada para a lei complementar federal, destinada às competências exclusivas da União, a lei complementar nacional, que veicula normas gerais e estruturantes na esfera tributária, é vinculante para todos os entes tributantes, quer dizer, para todas as pessoas que compõem a federação.

Pode-se afirmar que essa regra constitucional, na verdade, traz consigo três relevantes diretrizes, a saber: a) autoriza o Congresso Nacional a dispor sobre normas gerais de Direito Tributário; b) proíbe que outra espécie de ato normativo senão lei complementar trate dos temas ali previstos; c) não permite a delegação dessa competência a outra fonte normativa. Desse modo, o legislador ordinário, seja federal, estadual, municipal ou distrital, não pode dispor sobre aqueles temas expressamente destinados pelo texto constitucional à lei complementar.

Essa previsão consubstancia regra de segurança jurídica, por ensejar estabilidade de índole formal, principalmente em virtude da circunstância de que apenas pela maioria absoluta dos membros do Congresso Nacional pode haver disciplina da matéria consagrada pelo texto constitucional. Assim, esse preceito constitucional impede que alterações nas regras básicas de tributação, a serem observadas por todos os entes federativos, possam ser modificadas por maioria simples.

Ademais, a exigência de lei complementar, por outro lado, contempla elementos estruturantes de cunho material. Detém a finalidade de conferir a indispensável uniformidade, atributo da segurança jurídica, ao estabelecer normas de caráter nacional para fixação de idênticos conceitos, trazendo confiabilidade e racionalidade ao sistema tributário nacional, impedindo que ocorra proliferação de critérios jurídicos divergentes por todos os entes federativos.

A Constituição Federal, além de prever a necessidade de edição de lei complementar para estabelecer normais gerais sobre constituição e extinção do crédito tributário, consolidadas no Código Tributário

186 Torres, Ob. cit., p. 489.

Nacional, preconiza, igualmente, a edição desse tipo de diploma legal para fixar critérios uniformes relativamente a tributos específicos, tais como o imposto estadual sobre a circulação de mercadoria e prestação de serviços de transporte e comunicação (Lei Complementar 87/1996) e o imposto municipal incidente sobre a prestação de serviços de qualquer natureza (Lei Complementar 116/2003).

Vislumbra-se, mais uma vez, a preocupação do constituinte em assegurar o mínimo de padronização normativa, por meio de uma lei complementar, de caráter nacional, e não apenas aplicável no âmbito federal, com a finalidade de albergar os tributos de competência dos entes federativos estaduais, distritais e municipais que menciona, os quais devem exercer o poder de tributar em consonância com as regras gerais estipuladas pelo legislador complementar.

Se, de um lado, a lei complementar deve assegurar essa uniformidade, decorrente da necessidade de tratamento normativo estruturante unitário dos entes federativos, de outro deve lidar com a diversidade de nossa federação, proveniente da autonomia assegurada pelo texto constitucional.

Humberto Ávila ensina que a diversidade reside no tratamento normativo com respeito à autonomia federativa de que gozam as unidades federadas, porquanto, embora todos devam se submeter às mesmas normas, cada qual goza de poder para exercer autonomamente as competências normativas asseguradas pela Constituição Federal. Lembra que os Municípios podem prever alíquotas diferentes do ISS, observados os limites estabelecidos por lei complementar. Os Estados, de outro lado, podem tributar de forma diversa a venda de mercadorias ocorrida no âmbito do seu território. E conclui afirmando que há, portanto, uma relação entre os ideais de uniformidade e de diversidade federativos, de modo que onde há mais uniformidade existe menos diversidade, e vice-versa, razão pela qual o sistema normativo deve atingir a almejada harmonia.[187]

A propósito, ressaltem-se as desigualdades sociais e regionais existentes no Brasil, reconhecidas pela própria Constituição Federal que,

[187] Ávila, Humberto. **Segurança jurídica: entre permanência, mudança e realização no direito tributário.** 2. ed. São Paulo: Malheiros Editores, 2012. p. 313.

em seu art. 3º, III[188], estabelece como objetivo fundamental sua redução. No âmbito do Direito Tributário, o preceito constitucional que assegura a observância de normas gerais tem a função de cumprir esse objetivo, ao estabelecer regras uniformes e insusceptíveis de modificações pelos entes federados.

Discute-se se a lei complementar, ao estabelecer normas gerais sobre tributos de competência dos entes federados, não estaria violando o princípio federativo.

Todavia, cabe ressaltar, de início, que o art. 18, *caput*, da Constituição Federal[189] estabelece que a organização político-administrativa da República Federativa do Brasil será exercida nos termos da própria Constituição. Em consequência, a autonomia conferida aos entes federativos deve e pode sofrer limitações, em conformidade com as disposições contidas no texto constitucional. Não há que se falar na existência de autonomia absoluta ou irrestrita.

A regra da Constituição Federal que prevê disciplina por normas gerais representa, em última análise, a concretização do princípio federativo. Não se pode deixar de lembrar que a "Federação é apenas uma forma de Estado, um sistema de composição de forças, interesses e objetivos que podem variar, no tempo e no espaço, de acordo com as características, as necessidades e sentimentos de cada povo".[190] De fato, o federalismo, como forma de Estado, não impede a estruturação do sistema tributário por meio de regras gerais, estabelecidas por meio de lei complementar.

A organização constitucional federalista exige, além da vontade do legislador constituinte nesse sentido, a criação de um Estado Federal dividido em partes indissociáveis, quais sejam os entes federativos, ressaltando que se pressupõe, nessa hipótese, a renúncia do governo

188 Art. 3º, *caput*, III, da Constituição Federal: "Constituem objetivos fundamentais da República Federativa do Brasil: III – erradicar a pobreza e marginalização e reduzir as desigualdades sociais e regionais".

189 Art. 18 da Constituição Federal: "A organização político-administrativa da República Federativa do Brasil compreende a União, os Estados, o Distrito Federal e os Municípios, todos autônomos, nos termos desta Constituição".

190 Carrazza, Roque Antonio. **Curso de direito constitucional tributário**. 28. ed. São Paulo: Malheiros, 2012. p. 145.

central a certas porções de competências administrativa, legislativa e tributária aos governos locais. E vice-versa.

De outro lado, não se pretende subestimar a importância do princípio federativo brasileiro. O que se propõe a discutir é que esse princípio somente pode ser interpretado de acordo com os demais princípios e regras igualmente preconizados pelo texto constitucional.

A reserva de lei complementar constitui regra constitucional de estrutura que deve ser entendida como característica da autonomia brasileira conferida aos entes federativos, que representa prestígio ao ideal de uniformidade federativa.

Com efeito, a transferência da disciplina geral dos tributos a cargo da lei complementar para a legislação ordinária, por exemplo, teria impacto negativo na estabilidade do sistema tributário, porquanto possibilitaria modificações legislativas por maioria simples, no âmbito do Congresso Nacional, excluindo a necessidade do quórum elevado, indispensável à aprovação por maioria absoluta.

A Constituição Federal, ao estabelecer o desenho normativo do ICMS, procurou trazer-lhe disciplina aprofundada. Essa afirmação pode ser facilmente aferida pelos cerca de cinquenta dispositivos que tratam do tema. Essa preocupação do legislador constituinte revela-se, em especial, na necessidade de melhor uniformizar a disciplina do tributo, de competência de vinte e sete unidades federativas.

Em seu art. 155, § 2º, XII, a Carta Magna[191] conferiu à lei complementar, válida em todo território nacional, a especial finalidade de instituir um mínimo de uniformidade na produção normativa dos Estados e do

[191] Art. 155, § 2º, XII, da Constituição Federal: "O imposto previsto no inciso II atenderá ao seguinte: XII – cabe à lei complementar: a) definir seus contribuintes; b) disposto sobre substituição tributária; c) disciplinar o regime de compensação do imposto; d) fixar, para efeito de sua cobrança e definição do estabelecimento responsável, o local das operações relativas à circulação de mercadorias e das prestações de serviços; e) excluir da incidência do imposto, nas exportações para o exterior, serviços e outros produtos além dos mencionados no inciso X, *a*; f) prever casos de manutenção de crédito, relativamente à remessa para outro Estado e exportação para o exterior, de serviços e de mercadorias; g) regular a forma como, mediante deliberação dos Estados e do Distrito Federal, isenções, incentivos e benefícios fiscais serão concedidos e revogados; h) definir os combustíveis e lubrificantes sobre os quais o imposto incidirá uma única vez, qualquer que seja a sua finalidade, hipótese em que não se aplicará o disposto no inciso X, *b*; i) fixar a base de cálculo, de modo que o montante do imposto a integre, também na importação do exterior de bem, mercadoria ou serviço".

Distrito Federal sobre o ICMS. Nesse diploma legal encontram-se pontos essenciais da estrutura do tributo, em especial os relacionados ao objetivo de evitar conflitos de competência.

No tocante à disciplina do ICMS, cabe ressaltar que a Lei Complementar 87/1996 exerce, por força do texto constitucional, a função de harmonizar e estruturar a disciplina desse tributo. Quanto às suas alíquotas, a liberdade dos entes federativos é limitada. Conforme o art. 155, § 2º, IV a VII, da Constituição Federal[192], o Senado Federal tem o dever de fixar as alíquotas interestaduais e a faculdade de estabelecer limites mínimos e máximos para as internas, as quais não poderão ser inferiores às previstas para as interestaduais.

Nesse contexto, as leis estaduais, para que tenham fundamento de validade, devem observar a disciplina normativa preconizada pelo Congresso Nacional. É evidente que essa sistematização tem o desiderato de evitar regramentos e alíquotas díspares, entre os Estados e Distrito Federal, na tributação do ICMS.

Desse modo, em nosso sistema tributário, em conformidade com as disposições constitucionais, o CTN exerce o papel estrutural de estabelecer as regras gerais em matéria tributária. A Lei Complementar 87/1996 disciplina o ICMS; e a Lei Complementar 116/2003, o ISS.

Ao ressaltar a complexidade normativa do ICMS, por se tratar de um imposto de competência estadual com caráter nacional, Luiz Alberto Gurgel de Faria e Tâmara Cordeiro Polo Mendes ressaltam as caracte-

192 Art. 155, §2º, IV a VII, da Constituição Federal: "O imposto previsto no inciso II atenderá ao seguinte: IV – resolução do Senado Federal, de iniciativa do Presidente da República ou de um terço dos Senadores, aprovada pela maioria absoluta de seus membros, estabelecerá as alíquotas aplicáveis às operações e prestações, interestaduais e de exportação; V – é facultado ao Senado Federal: a) estabelecer alíquotas mínimas nas operações internas, mediante resolução de iniciativa de um terço e aprovado pela maioria absoluta de seus membros; b) fixar alíquotas máximas nas mesmas operações para resolver conflito específico que envolva interesse de Estados, mediante resolução de iniciativa da maioria absoluta e aprovada por dois terços de seus membros; VI – salvo deliberação em contrário dos Estados e do Distrito Federal, nos termos do disposto no inciso XII, *g*, as alíquotas internas, nas operações relativas à circulação de mercadorias e nas prestações de serviços, não poderão ser inferiores às previstas para as operações interestaduais; VII – nas operações e prestações que destinem bens e serviços a consumidor final, contribuinte ou não do imposto, localizado em outro Estado, adotar-se-á a alíquota interestadual e caberá ao Estado de localização do destinatário o imposto correspondente à diferença entre a alíquota interna do Estado destinatário e a alíquota interestadual".

rísticas de seu disciplinamento, a fim de resguardar tanto a federação quanto a segurança jurídica, *in verbis*:

> Em decorrência dessa sua natureza nacionalizada, ao menos quatro são os reflexos observáveis no Direito Positivo que o envolve: (i) a detalhada disciplina constitucional; (ii) a importância das leis complementares para sua regulação; (iii) a fixação de alíquotas pelo Senado Federal; (iv) a exceção à facultatividade de instituição de tributos. Todos esses aspectos demonstram um compromisso de manutenção do equilíbrio federativo e da segurança jurídica aos contribuintes.[193]

No âmbito do ISS, imposto de competência dos Municípios, a Constituição Federal, em virtude das próprias características desse tributo, trouxe disciplina bem mais simples, embora não menos importante, demonstrando a sua preocupação com aspectos básicos e relevantes, ao preconizar, em seu art. 156, III[194], que compete à lei complementar fixar alíquotas máximas e mínimas, excluir da sua incidência exportações de serviços para o exterior e regular a forma e as condições como isenções, incentivos e benefícios fiscais serão concedidos e revogados.

De qualquer das hipóteses, verifica-se o papel estrutural da lei complementar, como instrumento normativo capaz de disciplinar tributos que, por sua natureza, incidem sobre o consumo e demandam, por esse motivo, maior uniformidade.

A outorga constitucional, ao legislador complementar, da competência para disciplinar normas gerais de Direito Tributário representa a necessária busca pela harmonização do sistema tributário em um país de dimensão continental. Deve ser compreendida como efetiva materialização do princípio federativo, o qual, por sua vez, não deve ser confundido, nos termos da Constituição Federal, com ampla autonomia legislativa aos entes federativos.

193 FARIA, Luiz Alberto Gurgel de; MENDES, Tâmara Cordeiro Polo. A glosa de créditos do ICMS como forma de retaliação na guerra fiscal: uma análise acerca da recepção do art. 8º, I, da LC nº 24/75 em face da Constituição Federal de 1988. **Revista Fórum de Direito Tributário**: RFDT, Belo Horizonte, v. 15, n. 90, p. 12, nov./dez. 2017.

194 Art. 156, § 3º, da Constituição Federal: "Em relação ao imposto previsto no inciso III do *caput* deste artigo, cabe à lei complementar: I – fixar as suas alíquotas máximas e mínimas; II – excluir da sua incidência exportações de serviços para o exterior; III – regular a forma e as condições como isenções, incentivos e benefícios fiscais serão concedidos e revogados".

A estruturação de um sistema tributário nacional, nos limites estabelecidos pela Constituição Federal, não pode ser compreendida como ofensa à autonomia da União, dos Estados, do Distrito Federal e dos Municípios, não havendo que se autorizar disciplinas normativas locais em detrimento de regras gerais, sob pena de comprometimento do desenvolvimento econômico e social do país.

4.3 Desenvolvimento econômico e a competência legislativa dos entes federados quanto à disciplina dos tributos sobre o consumo

De início, a expressão "tributos sobre o consumo" apresenta-se como uma nova classificação na ordem jurídica brasileira. Na doutrina, verifica-se a existência de poucas produções científicas que a contemplam. Na jurisprudência, se pesquisarmos tal expressão nos sítios eletrônicos do Supremo Tribunal Federal e do Superior Tribunal de Justiça, não encontraremos nenhum acórdão que trate do tema, mas tão somente algumas decisões monocráticas que a ele fazem referência, muitas vezes reproduzindo o que constava nos acórdãos proferidos pelos tribunais de origem.

Essa nova classificação – tributos sobre o consumo – não se confunde com a referente a do tradicional Imposto sobre Valor Agregado (IVA), adotado especialmente pelos países da Comunidade Europeia e pelos Estados Unidos da América. Ainda que incidente igualmente sobre o consumo, o IVA tem como principal característica a sua forma de cálculo, que consiste na incidência de um percentual sobre o valor do produto comercializado ou do serviço prestado. Todavia, os tributos sobre o consumo, na forma como disciplinados no Brasil, contemplam várias formas de cálculo, como, por exemplo, o ICMS, que adota o chamado "cálculo por dentro", ou seja, o próprio imposto é incluído na sua base de cálculo.

Os tributos sobre o consumo, embora tenham algumas características semelhantes aos denominados tributos indiretos, também deles se diferenciam, porquanto o seu foco não é a existência de um intermediário na relação jurídico-tributária, mas a sua incidência sobre a comercialização de produtos e a prestação de serviços, quer dizer, sobre a atividade produtiva propriamente dita.

Em outras palavras, os tributos sobre o consumo são tributos indiretos, pois ambos se caracterizam por transferir o encargo financeiro para terceiros, em regra, o consumidor final, mas nem todos os tributos indiretos são incidentes sobre o consumo, uma vez que podem recair, por exemplo, sobre operações financeiras, caso do IOF.

O modo peculiar dessa tributação foi ressaltada por João Paulo de Souza Carregal, para quem, por ser um tributo que recai sobre uma produção ou circulação, o fato gerador de um estará necessariamente ligado ou interconectado à eventual fato gerador posteriormente realizado, "pois, o objetivo de quem produz, industrializa ou faz circular uma mercadoria é que a de que o produto chegue ao consumidor final, atravessando uma ou várias etapas do ciclo produtivo."[195]

Na verdade, os tributos sobre o consumo assimilam considerações de ordem econômica e adquiriram relevância, em termos de estudos jurídicos, principalmente a partir da Proposta de Emenda à Constituição (PEC) 45/2019, de iniciativa da Câmara dos Deputados, que se encontra em tramitação e, ao prever a instituição do Imposto sobre Bens e Serviços (IBS), procurou reunir em um único imposto os seguintes tributos: Imposto sobre Produtos Industrializados (IPI), Imposto sobre Operações Relativas à Circulação de Mercadorias e Prestações de Serviços de Transporte Interestadual e Intermunicipal e de Comunicação (ICMS); Imposto sobre Serviços de Qualquer Natureza (ISS); Contribuição ao Programa de Integração Social (PIS) e Contribuição para o Financiamento da Seguridade Social (COFINS).[196]

Cabe registrar que, antes da apresentação da PEC 45/2019, já verificávamos posicionamentos doutrinários nesse sentido, quer dizer, pela compreensão de que os tributos sobre o consumo albergam as seguintes exações: IPI, ICMS, ISS, PIS e COFINS.[197]

Embora não se desconheça a existência de outras contribuições, tal como a incidente sobre a folha de pagamentos, e de outros impostos, dos quais é exemplo o Imposto sobre Operações Financeiras – IOF, que

[195] Carregal, João Paulo de Souza. Tributos indiretos sobre o consumo – Um breve paralelo entre a França de Luis XIV e o Brasil na atualidade. **Revista Tributária e de Finanças Públicas (RTribv)**, São Paulo, v. 21. n. 13, p. 300, nov./dez. 2013.

[196] BRASIL. CÂMARA DOS DEPUTADOS. Disponível em: https://www.camara.leg.br. Acesso em: 27 out. 2019.

[197] Takano, 2014, p. 87-93.

também podem ser considerados incidentes sobre o consumo, os referidos no parágrafo anterior são aqueles instituídos para tributar diretamente tanto os produtos submetidos à comercialização quanto a prestação de serviços de qualquer natureza, nos termos da Constituição Federal.

Para fins deste trabalho, em que não se pretende discutir nenhuma proposta de reforma tributária, mas temas de segurança jurídica, a partir da perspectiva de redução da indiscutível complexidade normativa, cabe uma reflexão sobre o papel da lei complementar e a atuação dos entes federativos, no tocante à disciplina dos tributos de sua competência incidentes sobre o consumo.

Conforme exposto até o momento, o estudo do tema revela a grandeza da segurança jurídica. Constitui princípio que orienta a conduta do Estado em toda sua dimensão. Por sua natureza, ocupa posição superior, estrutural e de absoluto destaque no ordenamento jurídico. Trata-se de um tema de índole constitucional.

No âmbito tributário, a importância do tema apresenta-se latente, na medida em que o estabelecimento de padrões mínimos de segurança jurídica na conduta estatal, ao denotar previsibilidade e confiança, enseja maiores investimentos, proporcionando desenvolvimento nacional. A propósito, a doutrina de Geraldo Ataliba:

> O empresário precisa fazer planos, estimar com razoável margem de probabilidade de acerto – os desdobramentos próximos da conjuntura que vai cercar seu empreendimento. Precisa avaliar antecipadamente seus custos, bem como estimar os obstáculos e as dificuldades. Já conta com os imponderáveis do mercado. Não pode sustentar um governo que agrave – com suas surpresas e improvisões – as incertezas, normais preocupações e ônus da atividade empresarial. Isso é inconciliável com as instituições republicanas.[198]

Com efeito, o contribuinte precisa exercer sua profissão e desenvolver sua atividade econômica. Ele até pode diminuir o seu risco financeiro fazendo uso de seguro, afastando-se de determinado mercado, se for o caso, adotando, inclusive, uma política de preços conservadora ou tentar repassar seus riscos a terceiros, se possível. Todavia, o que ele não

[198] Ataliba, 2011, p. 175.

pode é se afastar do cumprimento das normas jurídicas, especialmente das tributárias.[199]

A Constituição Federal, no art. 3º, *caput*, I e II[200], preconiza como objetivo fundamental a construção de uma sociedade livre, justa e solidária e a garantia do desenvolvimento nacional. Em seu art. 5º, XIII[201], como garantia fundamental, assegura o exercício livre de qualquer trabalho ofício ou profissão, atendidas as qualificações profissionais que a lei estabelecer.

No capítulo relativo aos princípios gerais da atividade econômica, por sua vez, estabelece que a ordem econômica é fundada na valorização do trabalho humano e na livre iniciativa, tendo por objetivo assegurar a todos existência digna, conforme os ditames da justiça social.

Leciona Renato Lopes Becho que todos esses mandamentos constitucionais necessitam ser interpretados sistematicamente, a fim de demonstrar que o desenvolvimento econômico deve ser visto como consequência imediata de uma sociedade livre, que se deve conduzir por instrumentos legítimos que assegurem o livre exercício de atividade econômica.[202]

A adoção de um sistema normativo tributário simples, racional e igualitário ampara um planejamento empresarial com maior tranquilidade e, assim, desperta o anseio de se alcançar mercados ainda maiores, confiantes na permanência das normas jurídicas e no respeito ao passado pelas eventuais modificações.

A previsibilidade da ação estatal é fator que determina maior ou menor comprometimento dos empresários com o desenvolvimento de suas atividades no âmbito de determinado país. A globalização é uma realidade que trouxe consigo a livre circulação de recursos pelo mundo, de modo que se apresenta singela a compreensão segundo a qual os investidores atuarão em ambientes jurídicos estáveis e previsíveis.

[199] Ávila, Humberto. **Segurança jurídica: entre permanência, mudança e realização no direito tributário.** 2. ed. São Paulo: Malheiros Editores, 2012. p. 63.

[200] Art. 3º, *caput*, da Constituição Federal: "Constituem objetivos fundamentais da República Federativa do Brasil: I – construir uma sociedade livre, justa e solidária; III – erradicar a pobreza e marginalização e reduzir as desigualdades sociais e regionais".

[201] Art. 5º, XIII, da Constituição Federal: "É livre o exercício de qualquer trabalho, ofício ou profissão, atendidas as qualificações profissionais que a lei estabelecer".

[202] Becho; Basso, v. 15, n. 88, p. 163, jul. 2019.

O princípio da segurança jurídica, seja de forma explícita ou implícita, tem presença em praticamente todas as Constituições ocidentais, na busca não apenas da justiça pretendida, mas da igualdade e da isonomia na aplicação do Direito, podendo se tomar como exemplo, principalmente no direito europeu, o direito português, alemão e francês.

Theodoro Junior[203] revela que no direito lusitano, embora sem previsão expressa, o princípio da segurança jurídica é defendido por seus estudiosos e na jurisprudência. Aduz também que no direito alemão, após as guerras do século XX, a segurança jurídica é almejada como direito fundamental, equiparando-a no mesmo patamar de justiça. Quanto ao direito francês, até mesmo por questões históricas, de respeito à hierarquia das normas, aos direitos fundamentais, ao Estado Democrático de Direito e à separação de poderes, condizentes com sua ideologia, a Corte de Justiça coloca o princípio da segurança jurídica como exigência fundamental.

As normas de Direito Tributário no Brasil não podem prescindir do seu *status* constitucional, a fim de prestigiar a segurança jurídica, diante da necessidade de se contrabalancear as regras de estruturação que permitam equilibrada distribuição de rendas, a fim de assegurar o funcionamento do Estado, a manutenção das garantias reconhecidas aos contribuintes e maior simplicidade normativa.

Isso não significa que a Constituição Federal deve, necessariamente, ser ampliada em seu conteúdo para albergar novas disposições relativas à segurança jurídica. O que deve ser prestigiada é a possibilidade de o texto constitucional autorizar a lei complementar a avançar em suas atuais características, a fim de determinar a observância por Estados, Distrito Federal e Municípios de uma disciplina mais rígida, simples, racional e concisa sobre temas relativos ao ICMS e ISS.

É oportuno lembrar que a autonomia dos entes federados não é plena, pois sofre os limites preconizados pela própria Constituição Federal, resguardada a participação das rendas tributárias.

A respeito, colhe-se a doutrina de Marcos Valadão:

> Os Estados federais se caracterizam pela descentralização das atividades estatais, constituindo-se em forma de descentralização do poder. Assim,

203 THEODORO JUNIOR, Humberto. As reformas do direito processual civil e o princípio constitucional da segurança jurídica. *In*: MARTINS, Ives Gandra da Silva; JOBIM, Eduardo. (Coord.). **O processo na constituição.** São Paulo: Quartier Latin, 2008. p. 242-248.

> tem-se a descentralização administrativa e a descentralização política, sendo que a descentralização política não se limita à eleição de seus próprios dirigentes, mas se estende à autonomia legislativa, ainda que limitada em face das competências da União.
> É certo que a autonomia dos Estados federados não é plena, e esta limitação deve estar positivada em uma Constituição. Em contrapartida, os Estados participam das decisões políticas a serem tomadas pela União. São os dois princípios basilares do federalismo a autonomia e a participação. Acrescente-se a estes princípios a questão da repartição das rendas tributárias.[204]

O art. 155, § 2º, XII, "g", da Constituição Federal[205] incumbiu à lei complementar a função de regular a forma como, observada a deliberação dos Estados e do Distrito Federal, isenções, incentivos e benefícios fiscais serão concedidos e revogados. Assim, impôs aos entes federativos, quanto ao ICMS, que entrassem em um acordo relativamente ao que for instituído ou revogado a título de benefício fiscal. Essa previsão claramente mitiga a autonomia dos entes políticos, mas tem o intuito maior de preservar o equilíbrio e a unidade federativa, levando em consideração o indiscutível caráter nacional do ICMS. Nesse sentido, é possível se pensar que a referida exigência pretende manter, para esse imposto estadual, a mesma uniformidade que se impõe aos Tributos Federais.[206]

Diante das peculiaridades do ICMS, Paulo de Barros Carvalho leciona que os Estados e o Distrito Federal se sujeitaram aos princípios da uniformidade, da solidariedade nacional, da equiponderância ou da harmonia global da incidência.[207] Podemos afirmar que, por imperativo de segurança jurídica, esse tributo clama por racionalidade e congruência de significado em todo o país.

[204] Valadão, 2000, p. 117.

[205] Art. 155, § 2º, XII, *g*, da Constituição Federal: "Cabe à lei complementar: g) regular a forma como, mediante deliberação dos Estados e do Distrito Federal, isenções, incentivos e benefícios fiscais serão concedidos e revogados".

[206] Faria, 2017, p. 26.

[207] Carvalho, Paulo de Barros. "Guerra fiscal" e o princípio da não cumulatividade no ICMS. *In*: Santi, Eurico Marcos Diniz de (Coord.). **Interpretação e Estado de Direito.** São Paulo: Noeses, 2006. p. 673-674.

Um problema relativo ao ICMS, que foi parcialmente resolvido, refere-se à complexa submissão de produtos ao regime de substituição tributária. Isso porque essa matéria é disciplinada por diversas leis estaduais e distritais nos vinte e sete entes federativos. Ressalte-se que é plenamente possível que alguns produtos estejam submetidos a tal regime em alguns Estados, e em outros, não.

A título de exemplo, lecionam Roberto Biava Júnior e Leonardo de Gregório[208] que, mesmo quando um determinado setor, por exemplo, materiais de construção, se apresenta albergado pela sistemática de substituição tributária em dois Estados, alguns dos seus itens, digamos, um certo tipo de parafuso A, poderia estar na lista da substituição no Estado Z, mas não no Estado Y.

Essa ausência de uniformidade nas operações interestaduais e internas constitui algo gravíssimo e reflete a completa insegurança jurídica daqueles que desenvolvem atividade produtiva no Brasil, os quais, a título de observância do imperativo de autonomia federativa, devem conhecer de forma detalhada a legislação tributária de todas as unidades federativas nas quais comercializem produtos sujeitos à incidência do ICMS.

Mencionada anomalia foi parcialmente corrigida com a superveniência da Convênio ICMS 92/2015, que estabeleceu uma padronização nacional da descrição e classificações fiscais. Contudo, essa norma não significa que todos os entes federativos sejam obrigados a adotar a sistemática de substituição tributária para determinado setor da economia, mas que, se assim o fizerem, observarão, obrigatoriamente, a padronização aprovada pelo Conselho Nacional de Política Fazendária – CONFAZ, órgão encarregado de promover ações necessárias à elaboração de políticas e harmonização de procedimentos e normas inerentes ao exercício da competência tributária dos Estados e do Distrito Federal.

Cabe ressaltar que a Constituição Federal preconiza, no tocante ao ICMS, que compete à lei complementar dispor sobre substituição tributária, de modo que o próprio ordenamento estabelece meios de com-

[208] Biava Júnior, Roberto; Gregório, Leonardo de. A uniformização nos estados da sistemática de tributação da substituição tributária; as recentes alterações promovidas na lei complementar 123/2006 (pela lei complementar 147/2014) e a edição do convênio ICMS nº 92/2015. **Revista de Estudos Tributários**. Porto Alegre, v. 18, n. 108, p. 46, mar./abr. 2016.

bate a essa insegurança jurídica, os quais, todavia, não são devidamente utilizados para uniformizar o sistema.

Outrossim, em decorrência da complexidade normativa apontada no Capítulo 2, é comum, no Brasil, que o empresário deva observar, simultaneamente, em razão de sua atividade comercial, o denominado Regime Simples Nacional, disciplinado pela Lei Complementar 123/2006, e a sistemática de substituição tributária, se o Estado assim aderir.

Em qualquer hipótese diversa do Regime Simples Nacional, as operações interestaduais demandam mais esforço interpretativo, porquanto o contribuinte deve observar, no mínimo, dois diplomas jurídicos estaduais diversos, tendo que enquadrar o seu produto comercializado tanto na legislação interna da unidade federada de origem quanto na de destino.

A propósito, a lição de Roberto Biava Júnior e Leonardo de Gregório:

> Na prática, o contribuinte ao remeter o seu produto para um Estado diverso deve verificar o enquadramento daquele produto na descrição da legislação do Estado de destino. Ocorre que muitas vezes um mesmo produto pode ter descrições diversas em cada Unidade Federada, e o contribuinte, a depender da Unidade Federada destinatária, tem um trabalho relativamente difícil para fazer esta classificação e depende de sistemas complexos para verificar qual a tributação aplicável pelo Estado destinatário.[209]

De fato, essa diversidade normativa do ICMS, a depender de regramentos específicos de cada Estado, é algo que deve ser abolido do sistema tributário.

O Imposto sobre Serviços – ISS, também denominado de Imposto sobre Serviços de Qualquer Natureza, por sua vez, de competência dos entes municipais, tem como fato gerador a prestação, por empresa ou profissional autônomo, com ou sem estabelecimento fixo, de serviços remunerados de qualquer natureza, expressamente enumerados em lei complementar.

De início, foi instituído pela Emenda Constitucional 18/1965 como tributo residual, pois incidia tão somente em atividades não compreendidas na competência tributária da União e dos Estados. Sobreveio com

[209] Biava Júnior, 2016, p. 48.

a especial finalidade de sintetizar outros impostos, tais como: Imposto Municipal sobre Indústrias e Profissões, Imposto Municipal sobre Diversões Públicas e Imposto Municipal de Licença.

A disciplina do ISS – atualmente, pela Lei Complementar 116/2003, com as modificações introduzidas pela Lei Complementar 157/2016 – é mais rígida e, por esse motivo, menos susceptível a incursões legiferantes dos entes municipais, principalmente por estabelecer alíquotas mínima 2% (dois por cento) e máxima de 5% (cinco por cento), assim como vir acompanhada da lista anexa de serviços, a qual traz relevante segurança jurídica quanto aos serviços tributáveis.

Todavia, sempre contemplou dificuldades, que buscaram ser retificadas pela Lei Complementar 157/2016, quanto ao Município a que devido o tributo, quer dizer, relativamente à capacidade tributária ativa, havendo, desde sua instituição, seguidas alterações em seu desenho normativo com essa finalidade.

Essa complexidade em ambos os tributos incidentes sobre o consumo constitui uma realidade indesejável, que compromete o funcionamento do sistema tributário e representa desestímulo para investimentos. Pode ser mitigado pelo estabelecimento de preceitos constitucionais que assegurem normas de observância obrigatória mais abrangentes, mormente quanto aos tributos sobre o consumo que, por sua natureza, sejam devidos a diversos entes federativos.

Em consequência, apresenta-se flagrante que devemos reconstruir o sistema constitucional de tributação sobre o consumo, no quadro de nova conformação das funções estaduais, distritais e municipais, de modo a garantir maior segurança jurídica, observada a liberdade na circulação de riquezas.

Por fim, não se trata de conferir interpretação meramente econômica do Direito, a qual ressalta o conteúdo econômico do fato tributável em detrimento dos aspectos formais, mas sim de tentar corrigir distorções com a finalidade de se alcançar maior segurança jurídica e permitir maior desenvolvimento social e econômico.

4.4 Segurança jurídica pela instituição de regras gerais mais abrangentes em matéria tributária

No Capítulo 3 foram abordados aspectos da evolução normativa, tanto de índole constitucional quanto infraconstitucional, tendentes a prestigiar a segurança jurídica, demonstrando uma flagrante evolução, no nosso ordenamento brasileiro, no sentido de estabelecer instrumentos, principalmente de natureza processual, visando reduzir decisões judiciais divergentes e fortalecer o papel dos Tribunais Superiores.

No entanto, independentemente desses avanços e da discussão relativa à denominada "reforma tributária", que atualmente se apresenta em debate no Poder Executivo e nas Casas do Poder Legislativo, outras modificações do texto constitucional, de natureza material, poderiam prestigiar a segurança jurídica.

Conforme exposto anteriormente, a relação jurídica tributária é de natureza constitucional, de modo que a força axiológica do sistema tributário depende da Constituição Federal, que detém o monopólio da coercibilidade a ser empregado nos casos tipificados, segundo os critérios estabelecidos pela legalidade e dentro das limitações e dos direitos e liberdades fundamentais.[210]

Um sistema tributário adequado deve, principalmente no âmbito dos tributos sobre o consumo, ser estruturado de forma simples e com a maior centralização possível, de modo a mitigar a proliferação de atos legiferantes.

De fato, ao asseverar que a lei deve cumprir sua função reguladora da sociedade na busca de um bem comum, lecionam Antônio de Moura Borges e José Antônio Lira Bezerra, *in verbis*:

> A confiança na lei fiscal advém do fato do contribuinte ter conhecimento antecipado de seus direitos e obrigações, face o estabelecimento de regras claras, prévias e dentro dos demais requisitos inerentes ao princípio da legalidade. Portanto, para que ocorra realmente a segurança jurídica faz-se também necessário a formatação institucional e instrumental acima referida.[211]

A tributação, que atua, logicamente, diretamente intervindo na atividade econômica, deve prestigiar a diminuição das fontes de Direito.

[210] Torres, 2012, p. 504.

[211] Borges, Antônio de Moura; Bezerra, José Antônio Lira. O princípio da legalidade e a segurança jurídica tributária. *In*: Valadão, Marcos Aurélio Pereira; Meira, Liziane Angelotti; Borges, Antônio de Moura. **Direito tributário constitucional**. São Paulo: Almedina, 2015. p. 69.

Nesse cenário, apresenta-se necessária a adoção de lei complementar com maior abrangência, na medida em que, ao estabelecer normas gerais, por meio da devida permissão do texto constitucional, pode contemplar atos normativos que simplifiquem o sistema e prestigiem a segurança jurídica, evitando-se que seja aberto campo para atuação de autoridades legislativa e administrativa de diversos entes federativos.

Nesse ponto, cabe expor que há doutrinadores que defendem a teoria tricotômica, partindo-se da análise textual da Constituição Federal, segundo a qual a lei complementar teria tríplice função, a saber: a) dispor sobre conflitos de competência entre os entes federativos; b) regular as limitações constitucionais ao poder de tributar; e c) estabelecer normas gerais em matéria de legislação tributária, conforme lembra Frederico Araújo Seabra de Moura.[212]

Segue afirmando o autor[213] que outros doutrinadores defendem a teoria dicotômica, que, a despeito de sua nomenclatura, não significa que a lei complementar tenha duas funções, mas apenas uma: editar normas gerais em matéria tributária. Todavia, essa função seria portadora, tão somente, de dois objetivos, a saber: dispor sobre conflitos de competência entre as entidades tributantes e regular as limitações constitucionais ao poder de tributar.

A principal distinção entre ambas seria a afronta, ínsita à teoria tricotômica, na visão daqueles que assim entendem, ao princípio federativo, por prever a possibilidade de estabelecimento de normas gerais que comprometessem a autonomia dos Estados, do Distrito Federal e dos Municípios para legislar sobre Direito Tributário.

Na verdade, o dissenso estaria na indefinição contida na expressão "normas gerais", por permitir interpretação que comprometeria a federação. Todavia, com todo respeito, essa compreensão, na verdade, fere o princípio em tela, porquanto permite que os entes federativos possam legislar livremente sobre matéria tributária, comprometendo, ainda mais, a falta de harmonia normativa.

A expressão "normas gerais", pelo contrário, deve conferir mais liberdade legislativa ao legislador complementar, para que possa disciplinar

212 MOURA, Frederico Araújo Seabra de. **Lei Complementar Tributária**. São Paulo: Quartier Latin, 2009. p. 162.

213 Ibid., p. 165.

com mais detalhes e concisão aspectos relacionados, principalmente, aos tributos sobre consumo.

Deve-se conceber delimitação da competência dos entes tributantes aos critérios previamente definidos em lei complementar. Assim, as leis ordinárias que disciplinam a incidência desses tributos, no âmbito de seus entes federativos, deveriam, em primeiro lugar, atuar com a finalidade de uniformizar a tributação.

Não se trata, obviamente, de menosprezar a capacidade de Estados, Distrito Federal e Municípios para legislar sobre matéria tributária, mas de construir um ordenamento jurídico que favoreça a atividade econômica, com a finalidade de que se alcance melhores níveis de desenvolvimento social.

A circunstância de os entes políticos deverem observar os parâmetros estruturantes da legislação complementar não compromete a competência para instituir e arrecadar tributos que lhes são destinados. Nos termos da Constituição Federal, não se pode ter como violador da federação o estabelecimento de normas gerais que veiculem diretrizes genéricas, padronizadas e uniformes.

De fato, na lição de Frederico Araújo Seabra de Moura, aceitar que a instituição de normas gerais é inconstitucional equivale entender que as previsões das imunidades tributárias também o são, "uma vez que a autonomia dos entes políticos, para instituição de tributos, queda-se mitigada (e, muitas vezes, por meio da regulamentação realizada justamente por lei complementar)".[214]

O nosso sistema carece de instrumentos que permitam maior eficácia arrecadatória e compreensão das normas tributárias. Uma centralização normativa mais aguda diminuiria a complexidade normativa do sistema tributário brasileiro, ao tempo que contribuiria para a redução de demandas judiciais e, por conseguinte, da própria oscilação jurisprudencial.

O princípio federativo deve ser resguardado não com ampla outorga constitucional de produção legislativa sobre Direito Tributário aos entes federativos, mas com a observância de normas gerais, editadas pela União, que garantam observância do princípio da igualdade e, de forma proporcional, os recursos necessários para o desempenho dos atos típicos da atividade estatal.

[214] MOURA, 2009, p. 201-202.

Deve ser combatida a indevida compreensão de que fortalece a federação permitir que todos os entes federativos, quanto aos seus tributos, principalmente os incidentes sobre o consumo, possam legislar livremente, apenas observando algumas poucas regras gerais, estabelecidas por meio de lei complementar. Esse tipo de diploma legal, qualificado constitucionalmente, deve ir além, para disciplinar de modo mais abrangente todos os aspectos pertinentes à criação e à majoração de tributos, inclusive, e especialmente, sobre base de cálculo e alíquota.

É certo que a disciplina de alíquota não seria exauriente, mas norteadora. Não se pretende que a própria lei complementar, ao dispor sobre normas gerais, estabeleça expressamente os percentuais aplicáveis aos diversos produtos sujeitos ao ICMS. Todavia, apresenta-se viável, por exemplo, a disciplina por meio de faixas de alíquotas, a serem observadas por setores de economia, se for o caso. Isso pode ocorrer nos moldes estabelecidos para o ISS, em que há uma lista anexa dos serviços tributáveis, contida na Lei Complementar 116/2003.

Os entes políticos continuariam a exercer seus papéis fundamentais de instituir e arrecadar tributos, adotando a base de cálculo e a alíquota aplicáveis, em observâncias às balizas postas pela lei complementar nacional, que, por sua vez, é igualmente limitada, pelo texto constitucional, à estipulação de diretrizes genéricas.

O fato é que o caráter nacional da tributação sobre o consumo deve ser prestigiado. A competência dos entes federados sobre o tema deve ser limitada à disciplina de questões meramente instrumentais, relativas às obrigações acessórias, como por exemplo, instituição de procedimentos de fiscalização, estabelecimento de prazos e formas de pagamento de tributos, guias e documentações necessárias.

Impõe-se, na verdade, uma nova visão do princípio federativo. O sistema normativo deve ser reconstruído, a partir do ideal de que o mercado nacional é único e, por esse motivo, não permite disciplina de tributos que se mostre contrária a normas jurídicas de estrutura a todos aplicáveis.

Os temas centrais desses tributos devem ser objeto de prévia discussão, principalmente no âmbito do Congresso Nacional, a fim de que se alcance uma produção legislativa adequada à compreensão de que as normas gerais devem ser, efetivamente, portadoras da indispensável uniformidade.

É certo que, no cenário contemporâneo, as receitas provenientes dos tributos tornaram-se a principal fonte arrecadatória do Estado. Esclarece os motivos históricos dessa evolução Luís Eduardo Schoueri:

> Quando se cogita função arrecadadora da tributação, tem-se em mente que o Estado precisa de meios para o exercício de suas atividades. Como visto, no Estado Patrimonial, tais meios poderiam advir do próprio Estado, que se valia de seu patrimônio ou de seus serviços. Ou seja: o próprio Estado produzia a riqueza de que necessitava. A paulatina diminuição da atuação direta do Estado sobre a economia, inicialmente por conta do liberalismo e mais recentemente na modelagem do Estado do século XXI, aponta para a necessidade de que o Estado se aproprie de riquezas que não foram por ele geradas. Daí a tributação, em sua função arrecadadora.[215]

De fato, a função fiscal do tributo constitui, atualmente, a maior parcela de receita a compor o orçamento público. Nesse contexto, apresenta-se absolutamente compreensível a resistência dos entes federados relativamente à eventual modificação no texto constitucional, que lhes imponha restrições quanto ao poder de legislar sobre tributos incidentes sobre consumo.

Todavia, não se pode insistir na manutenção de um *status* constitucional que se revelou, na prática, extremamente complexo e irracional e que vem, ao longo tempo, causando prejuízos ao país pela ausência de segurança jurídica. A autonomia assegurada pela Constituição Federal aos Estados, Distrito Federal e Municípios, no tocante ao poder conferido para legislar sobre tributação do consumo deve ser drasticamente reduzida, sem que isso importe quebra do pacto federativo.

É oportuno consignar que o relacionamento entre Estado e contribuinte deve ser transparente e pautado nos valores republicanos e democráticos, a fim de permitir o controle social das informações relativas às receitas e despesas públicas.

O texto constitucional consagra a transparência como valor basilar de toda a atividade administrativa, inerente à gestão pública responsável. Esse princípio repudia comportamentos obscuros, sigilosos, exceto

[215] SCHOUERI, Luís Eduardo. **Direito Tributário**. 3. ed. São Paulo: Saraiva, 2013. p. 36.

quando a intimidade ou o interesse social, nele inserido os inerentes à segurança pública, estiverem envolvidos.

O princípio da transparência inspira todas as relações referentes à atividade financeira em um Estado Democrático de Direito. Não se pode conceber a ideia de que, nos países submetidos ao império da lei, ainda sejam permitidas, sob quaisquer justificativas, condutas obscuras e sigilosas nesse campo.

A transparência fiscal permeia e irradia a relação entre o Estado e a sociedade, a fim de revesti-la da maior clareza e abertura possíveis, influenciando diretamente no planejamento, na elaboração, na execução e nos resultados orçamentários. Desvenda mecanismos obscuros, supera dúvidas, permite conclusões sobre causa e efeito, expõe renúncias, enfim, permite o devido e necessário controle sobre a gestão de recursos públicos.

Bem define o termo Flávio Rubinstein, quando leciona que a transparência fiscal, especificamente, pode ser definida como a abertura à sociedade sobre a estrutura e função do governo, os objetivos da política fiscal e metas do setor público. Segue afirmando o autor que essa transparência envolve o acesso a informações confiáveis, abrangentes, tempestivas, inteligíveis e internacionalmente comparáveis sobre as atividades financeiras do Estado como um todo, sejam elas realizadas dentro ou fora do setor público. Essa necessidade, conclui, advém de exigência do eleitorado e dos agentes de mercado, para que possam avaliar com precisão as posições fiscais dos governos, comparando custos e benefícios e avaliando as respectivas implicações econômicas, financeiras e sociais.[216]

Gilmar Mendes, por sua vez, lembra que a transparência fiscal decorre do próprio texto constitucional e encontra-se vinculada ao ideal de segurança orçamentária, *in verbis*:

> O princípio da transparência ou clareza foi estabelecido pela Constituição de 1988 como uma pedra de toque do Direito Financeiro. Poderia ser considerado mesmo um princípio constitucional vinculado à ideia de segurança orçamentária. Nesse sentido, a ideia de transparência possui a importante função de fornecer subsídios para o debate acerca das

[216] Rubinstein, Flávio. Notas sobre a transparência fiscal no direito financeiro. *In*: Conti, José Maurício; Scaff, Fernando Facury (coord). **Orçamentos públicos e direito financeiro.** São Paulo: Revista dos Tribunais, 2011. p. 871.

> finanças públicas, o que permite uma maior fiscalização das contas públicas por parte dos órgãos competentes e, mais amplamente, da própria sociedade. A busca pela transparência é também a busca pela legitimidade.[217]

Com efeito, no estágio em que se encontra incorporado ao nosso ordenamento, com os instrumentos atualmente utilizados e uso de tecnologia da informação, a transparência fiscal permite e demanda a exposição em resumos enunciados em linguagem simples, de modo a facilitar o acesso à realização da receita fiscal e, assim, bem avaliar as ações governamentais.

Nesse contexto, a lei complementar, como flagrante extensão da vontade expressa na Constituição Federal, pode ser elaborada a partir de profundo conhecimento, pelos legisladores, das receitas fiscais dos entes federados, a fim de equilibrar os critérios jurídicos norteadores da atividade tributária, além de estabelecer regras destinadas a combater as desigualdades regionais.

Em termos de tributos incidentes sobre o consumo, a lei complementar deve ser um pouco mais detalhada e disciplinar, com profundidade, clareza e simplicidade, todos os elementos necessários à sua instituição.

É oportuno registrar que essa centralização normativa tem maior relevância nos tributos sobre o consumo, na medida em que recaem sobre a atividade produtiva. Desse modo, a princípio, não há óbice para que se mantenha a atividade legiferante dos Estados, do Distrito Federal e dos Municípios quanto aos demais tributos, incidente sobre a propriedade territorial urbana, veículos automotores e transmissão de bens.

Para que não remanesçam dúvidas, não se pretende defender, no presente tópico, menosprezo do princípio federativo em face do preceito que estabelece a edição de regras gerais sobre matéria tributária. O que se busca demonstrar é que ambas as normas jurídicas detêm caráter constitucional, que se compatibilizam perfeitamente, devendo ser buscado, na sua interpretação e ponderação, sentido que lhe permita prestigiar, em maior extensão, parâmetros de segurança jurídica.

[217] MENDES, Gilmar Ferreira. Comentário ao art. 48. *In*: MARTINS, Ives Gandra da Silva; NASCIMENTO, Carlos Valder. **Comentários à lei de responsabilidade fiscal**. 7. ed. São Paulo: Saraiva, 2014. p. 40.

Ao tratar da certeza do direito como conteúdo da segurança jurídica, Humberto Ávila[218] lembra que, no âmbito tributário, esse viés é representado pelo princípio da legalidade como exigência de determinação absoluta dos elementos essenciais da obrigação tributária, de modo que o contribuinte pode reconhecer de antemão o sentido normativo pela interpretação da regra de tributação, cabendo ao Poder Legislativo fixá-lo, às inteiras, na sua hipótese de incidência.

Por força do próprio sistema federativo, deve ser respeitada a autonomia das unidades federadas na instituição de regime jurídico dos tributos sobre o consumo. Contudo, essa autonomia deve ser empregada de forma eficaz, a fim de que se alcance uma padronização e um sistema simples de tributação.

Portanto, ainda que se continue a observar um regime jurídico que permita legislações específicas por unidade federativa, deve-se considerar o cenário de uma economia brasileira única e íntegra, em termos de comércio tanto no âmbito nacional quanto internacional. Desse modo, apresenta-se indispensável que se idealize integral harmonização normativa por meio de lei complementar.

Nesse contexto, as soluções aqui propostas têm o desiderato de prestigiar a segurança jurídica enquanto certeza do direito, ao tempo em que conferem ainda maior amplitude e pertinência ao princípio da legalidade estrita em matéria tributária. Representam a possibilidade de o contribuinte conseguir prever, com maior grau de determinação, o conteúdo material especialmente das obrigações tributárias.

[218] ÁVILA, Humberto. **Segurança jurídica: entre permanência, mudança e realização no direito tributário.** 2. ed. São Paulo: Malheiros Editores, 2012. p. 174-175.

CONCLUSÕES

O ordenamento jurídico brasileiro consagra a segurança jurídica por meio de um especial fundamento que se observa, de forma evidente, na variedade de princípios que o texto constitucional alberga.

Pode-se afirmar que a segurança jurídica traduz, na verdade, um princípio, que orienta tanto o legislador, na sua nobre missão legiferante, quanto a atuação da administração pública, dos cidadãos e especialmente da atividade jurisdicional. Constitui elemento essencial do Estado Democrático de Direito, com a finalidade de conformar normas e institutos quanto aos ideais de previsibilidade, estabilidade, proteção da confiança e certeza do direito.

No Direito Tributário, o princípio da segurança jurídica revela-se, em especial, nos consagrados princípios da legalidade, da anterioridade e da irretroatividade. A proteção à *res judicata*, que logicamente estende-se a qualquer ramo do Direito, também constitui expressão relevante e indisfarçável do princípio.

A realidade tributária brasileira manifesta inúmeros episódios de verdadeira insegurança jurídica, seja pela complexidade normativa, proveniente, em especial, do amplo poder legiferante conferido aos entes federados, seja pela oscilação jurisprudencial, principalmente a oriunda dos Tribunais Superiores.

Não obstante as históricas dificuldades vivenciadas, constata-se tendência evolutiva em nosso ordenamento, no sentido de orientar o aplicador do direito quanto ao respeito à segurança jurídica, ao criar mecanismos visando reduzir decisões judiciais divergentes, por meio do fortalecimento do papel dos Tribunais Superiores, que exercem a competência constitucional de uniformizar o direito, na busca de maior estabilidade aos pronunciamentos judiciais.

Desde a promulgação da Emenda Constitucional 45/2004, em especial, verifica-se uma evidente mudança na cultura de enfrentamento de litígios. Foram instituídos instrumentos que conferem maior estabilização e homogeneidade às decisões judiciais, como a súmula vinculante, a repercussão geral e, posteriormente, no plano legal, o recurso especial repetitivo, entre outros.

Ao ensejarem maior uniformidade da prestação jurisdicional, esses mecanismos consubstanciam aprimoramento do sistema normativo tributário e, por esse motivo, contribuem para a segurança jurídica, principalmente sob o ponto de vista do contribuinte, que pode, diante de um entendimento consagrado pelos órgãos de cúpula do Poder Judiciário, planejar suas ações de forma adequada.

No propósito de uma tributação justa, espera-se, por imperativo de segurança jurídica, que a interpretação dos textos constitucionais e legais seja uniforme, observadas a garantia do devido processo legal e a coisa julgada.

Contudo, essas recentes e importantes modificações no plano normativo procedimental, dignas de aplausos, não se mostram suficientes. Não podemos olvidar que um sistema tributário adequado deve, principalmente no âmbito dos tributos sobre o consumo, ser estruturado de forma simples, racional e com a maior centralização possível, de modo a mitigar a proliferação de atos legiferantes.

O caráter nacional da tributação sobre o consumo deve ser prestigiado, de modo a que se alcance a necessária homogeneidade normativa, ainda que mantida determinada competência legislativa dos entes federados, a qual deve se restringir à disciplina de questões procedimentais. Uma nova visão do princípio federativo deve ser absorvida, a fim de que se permita uma disciplina única e harmônica em respeito à segurança jurídica.

Nesse contexto, a lei complementar, diploma legal qualificado constitucionalmente, deve se revestir, efetivamente, do seu caráter estruturante e ir além de poucas normas gerais, para disciplinar de modo mais abrangente todos os aspectos pertinentes à criação e à majoração de tributos sobre consumo, sem que isso determine comprometimento da federação, a qual deve ser resguardada não pela possibilidade de legislar livremente sobre o tema, mas sim pela garantia dos recursos proporcionais e suficientes para sua manutenção.

Esse aperfeiçoamento normativo ensejará um sentimento de previsibilidade e de estabilidade quanto aos efeitos da regulação de conduta e tranquilizará os contribuintes, de modo que abrirá maior espaço para o planejamento, especialmente para que as sociedades empresárias projetem, com a necessária confiança, suas ações futuras, porque cientes do modo pelo qual a aplicação das normas jurídicas tributárias se realiza.

Desse modo, terão sido prestigiados o princípio da segurança jurídica e o regime federativo, permitindo a construção de um cenário jurídico com adequado respeito aos ideais de certeza e previsibilidade em matéria tributária, o que contribuirá para o desenvolvimento econômico e social brasileiro, em cumprimento aos objetivos fundamentais consagrados pela Constituição Federal.

REFERÊNCIAS

AMARO, Luciano. **Direito tributário brasileiro**. 11. ed. São Paulo: Saraiva, 2005.

ANDRADE, Fabio Martins de. **Modulação em matéria tributária:** o argumento pragmático ou consequencialista de cunho econômico e as decisões do STF. São Paulo: Quartier Latin, 2011.

ATALIBA, Geraldo. **República e constituição**. 3. ed. São Paulo: Malheiros, 2011.

ÁVILA, Humberto. **Sistema Constitucional Tributário**. São Paulo: Saraiva, 2006.

______. Segurança jurídica em matéria tributária. **Revista Brasileira de Direito Tributário e Finanças Públicas**, Porto Alegre, v. 11, n. 64, p. 45-61, set./out. 2017.

______. **Segurança jurídica: entre permanência, mudança e realização no direito tributário**. 2. ed. São Paulo: Malheiros Editores, 2012.

______. **Teoria da segurança jurídica**. 4. ed. São Paulo: Malheiros, 2016.

BARROSO, Luís Roberto. **O controle de constitucionalidade no direito brasileiro**. 3. ed. São Paulo: Saraiva, 2008.

BARRETO, Paulo Ayres. Conceitos constitucionais e competência tributária. *In*: **Temas de Direito Tributário:** estudo em homenagem a Eduardo Bottallo. São Paulo: Saraiva, 2013.

BECHO, Renato Lopes e BASSO, Bruno Bartelle. A Segurança jurídica tributária como fundamento para o desenvolvimento econômico brasileiro. **Revista *Juris Plenum***, Caxias do Sul, v. 15, n. 88, p. 151-168, jul. 2019.

BECKER, Alfredo Augusto. **Teoria geral do direito tributário**. 4. ed. São Paulo: Noeses, 2007.

BELLEGARDE, Marina Tanganelli. Limites da coisa julgada tributária e o posicionamento do STF. *In*: BUISSA, Leonardo, et al. (Orgs.). **Processo tributário**. Belo Horizonte: Fórum, 2019.

BERNARDES, Flávio Couto. Conflito de competência no ICMS: os convênios, o princípio da legalidade e a reforma tributária. *In*: SILVA, Paulo Roberto Coimbra, et al. (Orgs.). **Tributação sobre o consumo**. São Paulo: Quartier Latin, 2008.

BIAVA JÚNIOR, Roberto; GREGÓRIO, Leonardo de. A uniformização nos estados da sistemática de tributação da substituição tributária; as recentes alterações promovidas na lei complementar 123/2006 (pela lei complementar 147/2014) e a edição do convênio ICMS nº 92/2015. **Revista de Estudos Tributários**, Porto Alegre, v. 18, n. 108, p. 43-53, mar./abr. 2016.

BOBBIO, Norberto. **Teoria do ordenamento jurídico**. 2. ed. São Paulo: Edipro, 2014.

BONAVIDES, Paulo. **Curso de direito constitucional**. 12. ed. São Paulo: Malheiros, 2002.

BORGES, Antônio de Moura; BEZERRA, José Antônio Lira. O princípio da legalidade e a segurança jurídica tributária. *In*: VALADÃO, Marcos Aurélio Pereira; MEIRA, Liziane Angelotti; BORGES, Antônio de Moura. **Direito tributário constitucional**. São Paulo: Almedina, 2015.

BORGES, José Souto Maior. **Lançamento tributário**. 2. ed. São Paulo: Malheiros Editores, 1999.

BRASIL. **Conselho Administrativo de Recursos Fiscais**. Acórdão nº 9101-002.287, Rel. Conselheira Adriana Gomes Rego. Disponível em: http://carf.fazenda.gov.br. Acesso em: 03 nov. 2019.

______. **Superior Tribunal de Justiça**. AgInt no AREsp 1.336.962/RJ, Rel. Min. Francisco Falcão. Disponível em: http://stj.jus.br. Acesso em: 28 jan. 2019.

______. **Superior Tribunal de Justiça**. AgInt no REsp 1.601.825/SP, Rel. Min. Benedito Gonçalves. Disponível em: http://stj.jus.br. Acesso em: 28 jan. 2019.

______. **Superior Tribunal de Justiça**. EREsp 1.210.941/RS, Rel. Min. Og Fernandes. Disponível em: http://stj.jus.br. Acesso em: 30 out. 2019.

______. **Superior Tribunal de Justiça**. EREsp 1.403.532/SC, Rel. para Acórdão Min. Mauro Campbell Marques. Disponível em: http://stj.jus.br. Acesso em: 05 mai. 2019.

______. **Superior Tribunal de Justiça**. EREsp 1.411.749/PR, Rel. para Acórdão Min. Ari Pargendler. Disponível em: http://stj.jus.br. Acesso em: 05 mai. 2019.

______. **Superior Tribunal de Justiça**. EREsp 1.517.492/PR, Rel. para acórdão Min. Regina Helena Costa. Disponível em: http://stj.jus.br. Acesso em: 30 out. 2019.

______. **Superior Tribunal de Justiça**. REsp 1.089.998/RJ, Rel. Min. Humberto Martins. Disponível em: http://stj.jus.br. Acesso em: 05 dez. 2018.

______. **Superior Tribunal de Justiça**. REsp 1.109.579/PR, Rel. Min. Sérgio Kukina. Disponível em: http://stj.jus.br. Acesso em: 28 jan. 2019.

______. **Superior Tribunal de Justiça**. REsp 1.118.893/MG, Rel. Min. Arnaldo Esteves Lima. Disponível em: http://stj.jus.br. Acesso em: 24 set. 2019.

______. **Superior Tribunal de Justiça**. REsp 1.221.170/PR, Rel. Min. Napoleão Nunes Maia Filho. Disponível em: http://stj.jus.br. Acesso em: 05 dez. 2018.

______. **Superior Tribunal de Justiça**. REsp 1.435.624/PB, Rel. Min. Marga Tessler (Desembargadora Federal convocada do TRF 4ª Região). Disponível em: http://stj.jus.br. Acesso em: 15 set. 2019.

______. **Superior Tribunal de Justiça**. REsp 1.596.978/RJ, Rel. Min. Napoleão Nunes Maia Filho. Disponível em: http://stj.jus.br. Acesso em: 28 jan. 2019.

______. **Supremo Tribunal Federal**. ADI 15/DF, Rel. Min. Sepúlveda Pertence. Disponível em: http://stj.jus.br. Acesso em: 24 set. 2019.

______. **Supremo Tribunal Federal**. ARE 748.371-RG, Rel. Min. Gilmar Mendes. Disponível em: http://stf.jus.br. Acesso em: 25 set. 2019.

______. **Supremo Tribunal Federal**. ARE 885.450-AgR, Rel. Min. Roberto Barroso. Disponível em: http://stf.jus.br. Acesso em: 25 set. 2019.

______. **Supremo Tribunal Federal**. Rcl 4.335. Rel. Min. Gilmar Mendes. Disponível em: http://stf.jus.br. Acesso em: 20 set. 2019.

______. **Supremo Tribunal Federal**. RE 388.830. Rel. Min. Gilmar Mendes. Disponível em: http://stf.jus.br. Acesso em: 20 set. 2019.

______. **Supremo Tribunal Federal.** RE 946.648/SC-RG, Rel. Min. Marco Aurélio. Disponível em: http://stf.jus.br. Acesso em: 06 mai. 2019.

______. **Supremo Tribunal Federal**. RE 949.927/CE-RG, Rel. Min. Edson Fachin. Disponível em: http://stf.jus.br. Acesso em: 25 set. 2019.

______. **Supremo Tribunal Federal**. RE 955.227/BA-RG, Rel. Min. Roberto Barroso. Disponível em: http://stf.jus.br. Acesso em: 25 set. 2019.

______. **Supremo Tribunal Federal**. RE 959.489/PR, Rel. Min. Teori Zavascki. Disponível em: http://stf.jus.br. Acesso em: 28 jan. 2019.

______. **Supremo Tribunal Federal**. SE 5206-AgR, Rel. Min. Edson Fachin. Disponível em: http://stf.jus.br. Acesso em: 20 set. 2019.

Bulygin, Eugenio; Mendonça, Daniel. **Normas y sistemas normativos**. Madrid: Marcial Pons Ediciones Jurídicas y Sociales, 2005.

Calamandrei, Piero. **Eles, os juízes, vistos por um advogado**. São Paulo: Martins Fontes, 2000.

Canotilho, José Joaquim Gomes. **Direito constitucional**. Coimbra: Livraria Almedina, 1993.

Carrazza, Roque Antonio. **Curso de direito constitucional tributário**. 28. ed. São Paulo: Malheiros, 2012.

Carrazza, Roque Antonio; Nery Junior, Nelson; Ferraz Junior, Tércio Sampaio. **Efeito *ex nunc* e as decisões do STJ**. 2.ed. Barueri: Manole, 2009.

Carregal, João Paulo de Souza. Tributos indiretos sobre o consumo – Um breve paralelo entre a França de Luis XIV e o Brasil na atualidade. **Revista Tributária e de Finanças Públicas (RTribv)**, São Paulo, v. 21. n. 13, p. 285-308, nov./dez. 2013.

Carvalho, Cristiano. **Teoria da Decisão Tributária**. São Paulo: Saraiva, 2013.

Carvalho, Paulo de Barros. **Derivação e positivação no direito tributário**. Livro III. 1. ed. São Paulo: Noeses, 2016.

______. **Direito tributário:** linguagem e método. 6. ed. São Paulo: Noeses, 2015.

______. "Guerra fiscal" e o princípio da não cumulatividade no ICMS. *In*: Santi, Eurico Marcos Diniz de (Coord.). **Interpretação e Estado de Direito**. São Paulo: Noeses, 2006.

______. O Sobreprincípio da segurança jurídica e os primados que lhe objetivam no direito positivo brasileiro. **Revista Brasileira de Direito Tributário e Finanças Públicas**, Porto Alegre, v. 10 n. 58. p. 5-27. set./out. 2016.

Carvalho Filho, José dos Santos**. Manual de direito administrativo**. 20. ed. Rio de Janeiro: Lumen Juris, 2008.

Ciampaglia, Silvio. Segurança jurídica é o princípio fundamental nas democracias. *In*: Bottino, Marco Tulio (Org.). **Segurança Jurídica no Brasil**. São Paulo: RG Editores, 2012.

Coêlho, Marcus Vinicius Furtado. **Segurança jurídica e retroatividade jurisprudencial no STF.** Disponível em: https://www.conjur.com.br/2018-dez-17/constituicao-seguranca-juridica-retroatividade-jurisprudencial-stf. Acesso em: 12 set. 2019.

Costa, Regina Helena. **Curso de direito tributário**. 2. ed. São Paulo: Saraiva, 2012.

Couto e Silva, Almiro do. O princípio da segurança jurídica (proteção à confiança) no direito público brasileiro e o direito da administração pública de anular seus próprios atos administrativos: o prazo decadencial do art. 54 da Lei do Processo Administrativo da União (Lei n. 9.784/99). **Revista de Direito Administrativo: RDA**, Rio de Janeiro, n. 237, p. 271-315, jul./set. 2004.

Cueva, Ricardo Villas Bôas. A modulação dos efeitos das decisões que alteram jurisprudência dominante do STJ (art. 927, § 3º, do novo CPC). *In:* Araújo, Raul; Marconi, Cid e Rocha, Tiago Asfor. **Temas atuais e polêmicos na justiça federal**. Salvador: JusPodivm, 2018.

Derzi, Misabel Abreu Machado. Modificações da jurisprudência no direito tributário e o princípio da irretroatividade. **Revista Tributária das Américas: RTA**, São Paulo, v. 1, n. 2, p. 267-312, jul./dez. 2010.

______. Segurança jurídica como fator de concorrência tributária. *In*: Velloso, Carlos Mário da Silva; Rosas, Roberto; Amaral, Antônio Carlos Rodrigues do (org.). **Princípios constitucionais fundamentais: estudos em homenagem ao professor Ives Gandra da Silva Martins.** São Paulo: Lex, 2005.

Delfim Neto, Antônio; Ikeda, Akihiro. Aspectos econômicos do sistema tributário brasileiro. *In*: Martins, Ives Gandra da Silva, Castro, Paulo Rabello de; Martins, Rogério Vidal Gandra da Silva (org.). **O direito tributário no brasil:** reflexão sobre o sistema tributário realizada por juristas e economistas. 2. ed. São Paulo: Quartier Latin, 2010.

Didier Jr, Fredie. Transformações do recurso extraordinário. **Revista Forense**. v. 389. Rio de Janeiro: Forense, 2007.

Didier Jr., Fredie, Braga, Paula Sarno e Oliveira, Rafael Alexandria. **Curso de direito processual civil:** teoria da prova, direito probatório, ações probatórias, decisão, precedente, coisa julgada e antecipação dos efeitos da tutela. v. 2. Salvador: JusPodivm, 2016.

Faria, Luiz Alberto Gurgel de; Mendes, Tâmara Cordeiro Polo. A glosa de créditos do ICMS como forma de retaliação na guerra fiscal: uma análise acerca da recepção do art. 8º, I, da LC nº 24/75 em face da Constituição Federal de 1988. **Revista Fórum de Direito Tributário** (RFDT), Belo Horizonte, v. 15, n. 90, p. 9-60, nov./dez. 2017.

FARIA, Luiz Alberto Gurgel de. O novo CPC e a vinculação aos precedentes – breves considerações. *In*: ARAÚJO, RAUL; MARCONI, Cid; ROCHA, Tiago Asfor (orgs.). **Temas atuais e polêmicos na justiça federal**. Salvador: JusPodivm, 2018.

FISCHER, Octavio Campos; SCHIER, Adriana da Costa Ricardo. Conflitos tributários e a realização do direito fundamental à segurança jurídica. **Interesse Público**, Belo Horizonte, v. 20, n. 112, p. 111-129, nov./dez. 2018.

HARADA, Kiyoshi. O princípio da segurança jurídica no direito tributário. **Revista de Estudos Tributários**, Porto Alegre, v. 22, n. 127, p. 183-189, mai./jun. 2019.

KELSEN, Hans. **Teoria pura do direito**; Tradução de José Cretella Junior e Agnes Cretella. 3. ed. São Paulo: RT, 2003.

KUKINA, Sérgio Luiz. Temas comuns e soluções diversas no STJ e no STF. *In*: LUCON, Paulo Henrique dos Santos et ali. (Orgs.). **Processo civil contemporâneo:** homenagem aos 80 anos do professor Humberto Theodoro Júnior. Rio de Janeiro: Forense, 2018.

LAMY, Eduardo de Avelar e SCHMITZ, Leonardo Ziesemer. A administração pública federal e os precedentes do STF. **Revista de Processo**, São Paulo, v. 37, n. 214, p. 199-215, dez. 2012.

MACHADO, Hugo de Brito. Coisa Julgada e Controle de Constitucionalidade e de Legalidade em Matéria Tributária. *In*: **Coisa Julgada, Controle de Constitucionalidade e de Legalidade em Matéria Tributária**. São Paulo: Dialética, 2006.

______. **Curso de direito tributário**. 25. ed. São Paulo: Malheiros, 2004.

MARINONI, Luiz Guilherme; ARENHART, Sérgio Cruz; MITIDIERO, Daniel. **Novo Curso de Processo Civil:** tutela dos direitos mediante procedimento comum. v. II. São Paulo: Revista dos Tribunais, 2015.

MARINONI, Luiz Guilherme. **A Intangibilidade da coisa julgada diante da decisão de inconstitucionalidade**. 4. ed. São Paulo: Revista dos Tribunais, 2016.

MARQUES NETO, Floriano Azevedo; MOREIRA, Egon Bockmann. Uma lei para o estado de direito contemporâneo. *In*: PEREIRA, Flávio Henrique (coord.). **Segurança jurídica e qualidade das decisões públicas**. Estudos sobre o Projeto de Lei no 349/2015, que inclui, na Lei de Introdução às Normas do Direito Brasileiro, disposições para aumentar a segurança jurídica e a eficiência na aplicação do direito público. Apresentação Antonio Augusto Junho Anastasia. Brasília: 2015.

MARTINS, Ives Gandra da Silva. Disciplina jurídica da decadência e prescrição. **Revista de Direito Tributário Contemporâneo**, São Paulo, v. 1, n. 1, p. 21-38, jul./ago., 2016.

______. Efeitos prospectivos de Decisões definitivas da Suprema Corte em Matéria Tributária. *In:* **Coisa julgada, constitucionalidade e legalidade em matéria tributária**. São Paulo: Dialética; Fortaleza: Instituto Cearense de Estudos Tributários, 2006.

MEIRA, Liziane Angelotti. **Tributos sobre o comércio exterior**. São Paulo: Saraiva, 2012.

MELLO, Celso Antônio Bandeira de. **Curso de direito administrativo**. 15. ed. São Paulo: Malheiros, 2003.

MENDES, Gilmar Ferreira. Comentário ao art. 48. *In*: MARTINS, Ives Gandra da Silva; NASCIMENTO, Carlos Valder. **Comentários à lei de responsabilidade fiscal**. 7. ed. São Paulo: Saraiva, 2014.

MITIDIERO, Daniel. **Cortes superiores e cortes supremas:** do controle à interpretação da jurisprudência ao precedente. São Paulo: Revista dos Tribunais, 2013.

MOJICA, Rodrigo Chinini. **Coisa julgada em matéria tributária e seus mecanismos de revisão**. São Paulo: Verbatim, 2011.

MORAES, Alexandre de. **Direito constitucional**. 15. ed. São Paulo: Atlas, 2004.

MORENO, Fernando Sainz. Seguridad Jurídica. *In*: VALIM, Rafael et al. (Orgs.). **Tratado sobre o princípio da segurança jurídica no direito administrativo**. São Paulo: Fórum, 2013.

MOTTA, Artur Alves da. Atuação da Procuradoria-Geral da Fazenda Nacional e da Receita Federal do Brasil diante da jurisprudência pacifica das cortes superiores: perspectivas atuais diante da Lei nº 12.844/2013. **Revista Brasileira de Direito Tributário e Finanças Públicas**, Porto Alegre, v. 9, n. 54, p. 19.36, jan./fev. 2016.

MOURA, Frederico Araújo Seabra de. **Lei Complementar Tributária**. São Paulo: Quartier Latin, 2009.

MUÑOZ, Jaime Rodríguez-Arana. Los principios de seguridad jurídica, buena fe y confianza legítima. *In*: VALIM, Rafael et al. (Orgs.). **Tratado sobre o**

princípio da segurança jurídica no direito administrativo. São Paulo: Editora Fórum, 2013.

NERY JUNIOR, Nelson; NERY, Maria de Andrade. **Código de processo civil comentado**. 16. ed. São Paulo: Revista dos Tribunais, 2016.

NUNES, Cleucio Santos. **Justiça tributária**. Belo Horizonte: Fórum, 2019.

OLIVEIRA, Ricardo Mariz de. Incertezas que entravam o desenvolvimento. *In*: SANTI, Eurico Marcos Diniz de (coord.). **Tributação e desenvolvimento:** homenagem ao professor Aires Barreto. São Paulo: Quartier Latin, 2011.

PAULSEN, Leandro. **Constituição e código tributário comentados à luz da doutrina e da jurisprudência**. 18. ed. São Paulo: Saraiva, 2017.

______. **Segurança jurídica, certeza do direito e tributação:** a concretização da certeza quanto à instituição do tributo através das garantias da legalidade, da irretroatividade e da anterioridade. Porto Alegre: Livraria do Advogado, 2006.

RABELLO FILHO, Francisco Pinto. **O princípio da anterioridade da lei tributária**. São Paulo: Revista dos Tribunais, 2002.

ROCHA, Sérgio André. **Da Lei à decisão**: A Segurança Jurídica Tributária Possível na Pós-Modernidade. Rio de Janeiro: Lumen Juris, 2017.

RIBEIRO, Ricardo Lodi. Segurança jurídica dos contribuintes, coisa julgada e decisões do STF. *In:* **Tratado de Direito Constitucional**. Rio de Janeiro: Elsevier, 2014.

RUBINSTEIN, Flávio. Notas sobre a transparência fiscal no direito financeiro. *In*: CONTI, José Maurício; SCAFF, Fernando Facury (coord). **Orçamentos públicos e direito financeiro**. São Paulo: Revista dos Tribunais, 2011.

SANTOS, Moacyr Amaral. **Primeiras Linhas de Direito Processual Civil.** v. 3. 19. ed. São Paulo: Saraiva, 2000.

SCAFF, Fernando Facury. Efeitos da coisa julgada em matéria tributária e livre concorrência. *In*: BUISSA, Leonardo, et al. (Orgs.). **Processo tributário**. Belo Horizonte: Fórum, 2019.

SCHOUERI, Luis Eduardo. **Direito tributário**. 5. ed. São Paulo: Saraiva, 2015.

STRECK, Lenio; PEDRON, Flávio Quinaud. O que ainda podemos aprender com a literatura sobre os princípios jurídicos e suas condições de aplicação. **Revista de Processo**, São Paulo, v. 41, n. 258, p. 153-170, ago. 2016.

SILVA, José Afonso. **Curso de Direito Constitucional Positivo**. 15. ed. São Paulo: Malheiros, 1998.

SOUZA, Fernanda Donnabella Camano de. **Os Limites Objetivos e "Temporais" da Coisa Julgada em Ação Declaratória no Direito Tributário**. São Paulo: Quartier Latin, 2006.

TAKANO, Caio Augusto. Tributação sobre o consumo nas importações: neutralidade, competitividade e limitações constitucionais. **Revista Fórum de Direito Tributário** (RFDT), Belo Horizonte, v. 12, n. 67, p. 75-97, jan./fev. 2014.

TALAMINI, Eduardo. **Coisa Julgada e sua revisão**. São Paulo: Revista dos Tribunais, 2005.

TEODOROVICZ, Jeferson. Segurança jurídica em matéria tributária, modulação de efeitos e o parágrafo 3º do artigo 927 do novo CPC (Lei nº 13.105/2015). *In*: BUISSA, Leonardo; et al. (Orgs.). **Processo tributário**. Belo Horizonte: Fórum, 2019.

TEMER, Michel. **Elementos de Direito Constitucional**. 17. ed. São Paulo: Malheiros, 2001.

THEODORO JUNIOR, Humberto. As reformas do direito processual civil e o princípio constitucional da segurança jurídica. *In*: MARTINS, Ives Gandra da Silva; JOBIM, Eduardo. (Coord.). **O processo na constituição.** São Paulo: Quartier Latin, 2008.

TORRES, Heleno Taveira. **Direito constitucional tributário e segurança jurídica**: metódica da segurança jurídica do sistema constitucional tributário. 2. ed. São Paulo: Revista dos Tribunais, 2012.

______. Temporalidade e segurança jurídica – irretroatividade e anterioridade tributárias. *Temporality and legal certainty – Predictability and Prohibition of retroactivity in Brazilian tax law.* **Revista da PGFN**, Brasília, v. 1, n. 1, p. 45-62, jan./jun. 2011.

TRIDIMAS, Takis. **The general principle of EU law**. 2. ed. United Kingdom: Oxford University Press, 2006.

US SUPREME COURT. Chevron U.S.A., Inc. v. Natural Resources Defense Council, Inc., 467 U.S. 837 (1984).

VALADÃO, Marcos Aurélio Pereira. **Limitações constitucionais ao poder de tributar e tratados internacionais**. Belo Horizonte: Del Rey, 2000.

VALLE, Maurício Dalri Timm do. **Princípios constitucionais e regras-matrizes de incidência do imposto sobre produtos industrializados – IPI**. São Paulo: Noeses, 2016.

VALVERDE, Gustavo Sampaio. Segurança jurídica e processo: recursos, coisa julgada, ação rescisória e ações de (in)constitucionalidade. *In*: SANTIS,

Eurico de; et al. (Orgs.). **Curso de especialização em direito tributário**: estudos analíticos em homenagem a Paulo de Barros Carvalho. Rio de Janeiro: Forense, 2005.